ストレス耐性
低めの人が
幸せになる
心理学

我慢して
生きるのは、
もうやめよう

加藤諦三

青春出版社

はじめに

ストレス耐性という言葉がある。どのくらいストレスに耐えられるかということである。しかしこれはその人のストレス耐性度が高いとか、低いとかいう問題だけではない。ストレス耐性度というのは、我慢をしているうちに落ちてくる。

毎日ストレスが続けば次第次第に心身が弱ってくる。心身の衰弱は一気に来るものではない。打ち続くストレスで心身は次第次第に衰弱してくる。

こうなればストレス耐性度は落ちているのは当たり前である。

さらにそれらが悪循環となって追い打ちをかける。心身が衰弱してくると、元気な時には何とも感じないものが、大きなストレスになってくる。そのストレスがさらに次のささいなことを大きなストレスのある問題にしてしまう。

ストレス耐性度は好循環するし、悪循環もする。どちらに転がるかは大きな問題である。

その人が何か嬉しいことがあった時には、ストレス耐性度は高い。嬉しいニュースが入ってきて会社に行った時には、会社にいる時のストレス耐性度は高い。

会社でイヤなことがあって家に帰ってきた時にはストレス耐性度は落ちている。

つまり我慢、我慢の毎日を送っていれば、誰でもストレス耐性度は低くなる。

毎日イヤなことが重なって、ただ我慢する以外にない時には、怒りは次第に心の底に積もっていく。その時その時の怒りは小さくても、その怒りが蓄積されて合計されてものすごい感情になっていく。

我慢をしていれば我慢をしているほどストレス耐性度は落ちてくる。

無差別殺人の原因になるような憎しみになった時には、ストレス耐性度は極端に落ちている。長年にわたって表現されない怒りが心の底に根雪のように積もっている。もうほんのささいなことにも耐えられなくなっている。

そしてそれを一つ一つ皆我慢をしてきた。あそこで痛めつけられたことも、ここで痛めつけられたことも我慢をしてきた。しかし一つ一つのことはそれほど大きくはない。そこで最後の小さいことで爆発したときに、人は理解に苦しむ。

「何で、あれだけのことで、そこまで怒るのか、そこまでするのか」と不思議に感じる。

コミュニケーション能力がなくて自分の不満をうまく表現できない人は、日々どんどんと不満を募らせていく。

コミュニケーションできない抑制型の人は、我慢をする以外に怒りに対処する方法が分からない。だから来る日も来る日も我慢、我慢になる。ただただ我慢をする日が続く。そうなると、どうなるか？　極端にストレス耐性度が落ちてくる。すると普通の人にはささいなストレスでも、その人にはものすごいストレスになる。

普通の人ならそれほどの我慢を必要としないことでも、その人には耐えがたいことになる。何でもないささいなことが、ものすごい忍耐力を必要とすることになる。

次第次第にささいなことが「許せない」ほど大きな問題になってくる。

相手のささいな言動にものすごく不満になる。ちょっとしたことにひどく腹が立つ。それは、その人に心のゆとりがないからである。

コミュニケーション能力のない抑制型の人は怒りに蓋《ふた》をしてしまう。心の中の圧力は高まる。非抑制型の人の場合には、どちらかと言うと、消耗する前に限界点を越えて爆発をする。「許せない」人とはケンカをする。罵声を浴びせる。抑制型の人であれ、非抑制型の人の人であれ、敵意を越えて、憎しみが無差別になった時には、ストレス耐性度も極端に低くなっている。

その人だって日常生活で満足をしていれば、ストレス耐性度が普通にある。すれ違っただけで、見知らぬ人にかーっとなって怒ることはない。それ以前にすでに我慢の限界を超えていたのである。

来る日も来る日も悔しいことばかり。何事も思うようにいかなくて、来る日も来る日もただじっと我慢することばかり。来る日も来る日も腹が煮えくりかえることばかり。

そんな中で次第にストレス耐性度が落ちてくる。極端にストレス耐性度が低い人は、慢性的ストレスに苦しんでいる人である。

一つ一つ悔しいことを毎日関係者に説明をして処理すればいいものを処理しないですごす。望ましい社会生活を送るためのコミュニケーション能力が欠如している。

そして怒りが積もりに積もった時には、誰だって興奮して、言葉が出ない。

もう我慢する生き方は、やめた方がよい。今何にしがみついているからそんなに我慢しなければならないのか。今にしがみつく生き方はやめれば、もう我慢しなくてもよい。

アメリカの心理学者デヴィッド・シーベリーが言うように、人間の唯一の義務は自分が自分であることである。あなたが今、その価値にしがみついた生き方をするから、その生き方は価値ある生き方と感じているだけである。今の生き方をやめてみれば、自分はガラクタにしがみついていたと気がつく。

目次

第2章

ストレス耐性を強くする生き方、弱くなる生き方

――つらい時に心の支えとなるのは「心がふれあう人」の存在

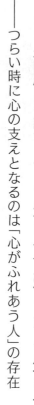

第3章

自分ができることだけをすればいい
――ストレスとコントロール能力の関係

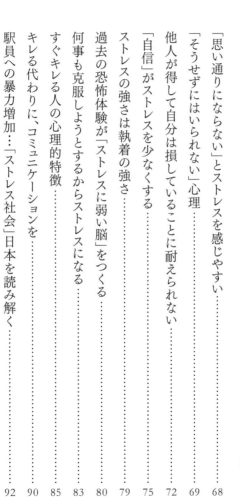

第4章 感情のブレーキがきかなくなるのは、心の抑圧が原因
――過去のトラウマから心の警報機が鳴ってしまうしくみ

第5章

こんな「心のふれあい」があなたの心の砦をつくる

――人間関係の我慢から脱け出す方法

第6章

「自分を正しく知ること」が幸せの第一歩
——なぜ、そこで動揺するのか

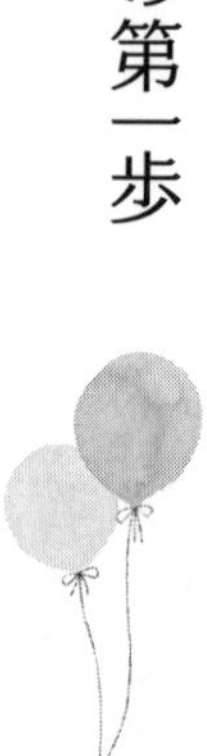

第7章

「小さな心の習慣」で人生は大きく変わる
――あなたを解放し新しい道を拓くヒント

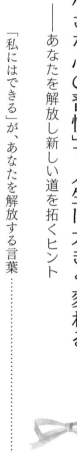

本文デザイン　岡崎理恵

第1章

ストレス耐性が高い人はどこが違うのか

逆境を乗り越えるために必要な3つの共通特性

「ストレス耐性の心理学実験」の意外な結果

アメリカの心理学者マーティン・セリグマンの著作に紹介されていた実験に次のようなものがある。

一つは都会のストレスにどれだけ耐えられるかを騒音で実験するものである。さまざまな音のまじりあった騒音を作業中の大学生に聞かせる。そして騒音が耐えられなくなったらボタンを押せば騒音を停止できるグループと、そうでないグループに分ける。

すると騒音が耐えられなくなったらボタンを押して停止できる人々の方が騒音を不快でなく感じるし、その間校正の仕事をよくできる。[*1]

さらに次のような実験もある。暴行死体のカラー写真を被験者の学生に見せる。それがどの程度恐怖と不安を与えるかを皮膚の痙攣的な反応で見る。それをGSR（ガルバニック皮膚反応）と言う。

ある学生はボタンを押せばそのカラー写真を見せられるのを終わらせることができる。別の学生は何秒写真を見せられるか事前に教えてもらえるが、自分でボタンを押して写真を見るのをやめることはできない。

さらに別の学生は、終了時間を知らされず、ボタンを押して自ら終了もできない環境に置かれる。そして実際にはどの学生も平均的に同じ時間を見るようにしておく。するとボタンを押せば写真を見ることをやめられる学生が皮膚の痙攣反応が最も少なかった。つまり恐怖や不安が最も少ないということである。[*2]

要するに実際にコントロールできるかできないかではなく、その人がコントロールできると思っているか、思っていないかでストレス耐性は違うということである。

そう考えると、自分はストレス耐性があると思うことがストレス耐性を上げる。まず自分はこの事態をコントロールできると思うことが大切である。

自分に対処能力があっても、自分が「ない」と思えば実際に対処能力はなくなってしまう。

自分が自分をどうイメージするかで、「実際の自分」は影響を受ける。

危機を乗り越えられるリーダーは「変化」をどう捉えているのか

ストレスに強いということについては、いろいろな概念が説明されている。

同じくアメリカの心理学者スーザン・コバサは心理的にストレスにどう対処するかを数値で評価し、ハーディネス(Hardiness)と呼んでいる。その個人の対処力の違いがハーディネスの違いである。

コバサによると、ハーディネスの高い人は、低い人に比べて病気に対する抵抗力がある。ストレスと病気との関係を修正することができる。

次の調査は、ストレス関係の論文や本を読んでいると、いろいろなところで参照される調査であるが、コバサはシカゴ大学で八年間にわたって、ビジネス・エグゼクティヴの集団を対象に、会社経営に伴う通常の危機や混乱に直面した時、彼らがどう対処するかを調べた。[*3] そして、混乱を乗り切る間、最も健康であった人に一定の特徴的なパーソナリティが見られることに気づいた。

その一つは、何か困難にぶつかってもそれを脅威ではなくやりがいのある仕事と見なし、変化には気持ちの高揚とエネルギーを持って応えるという点である。

うつ病の中に昇進うつ病とか、引っ越しうつ病とか言われるものがある。昇進も引っ越しも大きな変化である。そこで昇進した結果、引っ越しした結果、うつ病になる人がいる。うつ病になるような人は変化を恐れている人達である。彼らは皆変化が怖かった。

逆に逆境を元気で乗り切った経営者のように変化を喜ぶ人、変化に気持ちの高揚で応える人がいる。それは心に核がある人達であろう。「心の砦」がある人達であろう。

人によって同じ変化を全く反対に認識する。

困難はベストを尽くすチャンス

私はある本を訳しているときに「困難はベストを尽くすチャンスである」という言葉に出合った。[*4]

私はハーバード大学のワイドナー図書館に籠《こ》もっていたことがあった。そして約百年前の人物であるマーデンという作家に出会った。彼を単純に解釈すれば「丸太小屋から大統領へ」というアメリカン・ドリームを奨励する人である。

彼があげている人物と、生きる意欲を失った今の時代の人々との違いは何なのだろうかと私は考えた。彼らは「なぜあそこまで頑張れたのか？」という疑問である。

それは「今の人がなぜ簡単に燃え尽きてしまい、生きる意欲を失ってしまうのか？」という疑問の裏返しの問いでもあった。

生きることに疲れた私達と、それぞれの時代に驚くほどのバイタリティーで困難と戦った彼らとはどこが違うのか？　それを比較しながら考えていくとやはりいくつかのことが分かった気がする。

マーデンはジャン＝ジャック・ルソーについて次のように説明をしている。

今から一五〇年近く前、リヨンで開かれたある晩餐会で、ギリシアの神話か歴史を題材にした絵画の解釈をめぐって議論が持ち上がった。議論が白熱してきたのを見て、その家の主は給仕人の一人に向かって、その絵について説明するようにと言った。

給仕人はその絵のテーマについて簡明に説明し、それが非常に分かりやすく説得力があったために、すぐに議論に決着がついた。その場に居合わせた人々は大変驚いた。

「どこの学校で勉強なさったのですか?」と客の一人が丁重に訊ねた。

「いろんな学校で学びました」と、給仕人は答えた。そして「ですが、私が最も長く学び、最も得るところが多かったのは、逆境という学校です」と続けた。

彼は貧困から多くのことを学んでいた。逆境は変装をした先生である。

「逆境という学校です」とジャン＝ジャック・ルソーが答えたからと言って、逆境そのものが常に人に何かを教えるわけではない。逆に学校に行っても何も学ばない人がいるのと同じである。逆境の中で、「この逆境で自分を鍛えよう」と思った人は逆境から何かを学び、逆境の中で成長する。

この逆境は「自分に何を教えるのか?」と逆境の中で考える人は、いつかチャンスをつかむ。しかし逆境の中で不満になっている人は、いつになってもチャンスをつかまない。

この逆境を乗り越えればその向こうに素晴らしいことがあると夢を捨てなかった人が、

チャンスをつかむ人である。逆境とは一つの文化である。

心が強いのは生まれつきじゃない

次の話は、マーデンが紹介するもう一つの物語である。

エディンバラ大学のジョージ・ウィルソン教授は非常に虚弱で、誰も彼が長生きするとは思っていなかった。だが、どんなに頑健な人でもくじけてしまうようなさまざまな試練に遭いながらも、彼は学者として名を成した。災害、片足切断、肺結核、大出血……何が起ころうが、彼の大きな志をくじくことはできなかった。その確固たる意志の前にあらゆる災厄が逃げ出し、死神さえもたじろいで、彼の体をものにするのを躊躇《ちゅうちょ》したようだ。

これを読むと、自分はこんなエディンバラ大学のジョージ・ウィルソン教授のような強じんな人間ではない。そう思う人が多いのではないか。しかし次のように考えられないか。

つまりジョージ・ウィルソン教授ははじめからこんなに強い人ではなかった。しかしジョージ・ウィルソン教授は災害、片足切断、肺結核等を体験することで強くなった。それを乗り越えたから強くなった。

ウィルソン教授は最初から強かったのではない。「大出血……何が起ころうが、彼の大きな志をくじくことはできなかった」というよりも大出血がなければ彼は強くはなれなかった。

自分の宿命に正面から立ち向かっていくことで人は強くなる。どんな人でも、はじめからストレスに強いのではない。ストレスに強くなった人は、ストレスに耐えて戦ったのである。

誰もが自分のレベルにおいてこれと同じ偉業を成し遂げられるのである。彼らと悩んでいる人との違いは、人生に対する戦略の違いである。

悩んでいる人は、もし今悩んでいるとすれば、人生に対する戦略を間違えているのである。長い間、間違った戦略で生きてきた結果が今の悩みである。何か一つのことを間違えたのではなく、全体として生き方を間違えたのである。

何か一つ失敗したことが自分の不幸の原因と考えているかもしれないが、そうではない。オーストリアの精神科医ベラン・ウルフの言うように、昨日のある事件が悩みの原因ではない。悩んでいる人は、幸せになるための戦略を今まで間違えて生きてきている。

スーザン・コバサの研究から人生の戦略の立て方を学ぶのである。生きがいを持って生きるための戦略を学ぶのである。

「自分と同じ人間が、なんでここまで頑張れたのか?」を考えてほしい。そしてこれから先にこの本でも「なぜ彼らが頑張れたのか？」を書く。
そこで悩んでいる自分とストレスに負けない彼らの環境の違いも理解できる。そうすれば違いを受け入れて、自分なりの生き方が見えてくる。

ストレスに弱い原因は無意識下に隠れている

だいぶ逆境についての話が長くなったが、会社の危機を元気に乗り切った経営者のもう一つの特徴は、つまり第二の特徴は、仕事、地域、家族など、本人が意味があると感じているものと深い関わりを持っているという点である。

三番目の特徴、これが決定的なものだが、それは、自分がコントロールしているという感覚である。つまり、正しい情報を持ち、決定的な違いを生み出す可能性のある決定を自らが下すことができるという感覚である。

乗ろうとしていたバスに乗り遅れて、会社に遅刻するので、会社を休んだ人がいる。彼は起きたことに対処できない。

乗ろうとしていたバスに乗り遅れて会社を休んだ人は起きたことに対処できない。起きた事態に適切に対処できないのは柔軟性があるかないかである。そしてアメリカの精神科医ジョージ・ウェインバーグが言うように「柔軟性の最大の敵は抑圧」である。

つまり対処能力を上げるためには抑圧をとることである。無意識に追いやった自分の感情を意識化することである。

これもそう簡単にできることではないが、自分が無意識の領域に何か問題を抱えていなければ、努力は案外報われるものである。

一生懸命に努力しても、ことごとくうまくいかないとすれば、まず自分は無意識の領域に問題を抱えているということを認めることから出発する。

そしてたとえば具体的には迎合をやめてみる。その時に感じるものが無意識の領域に抱えている問題と関係がある。無意識の領域に抱えている問題を意識化できれば対処能力を身につけられる。

ただ分かったことで、弱いストレス耐性が治ったのではない。「分かったこと」は「原因が分かった」ということである。それはこのキズは火傷のキズと分かったということである。お化け屋敷と分かってもお化けは怖い。

おびえのストレスが原因と分かることと、おびえがなくなるということは別のことである。ただ意識化ができなければ何事も始まらない。

逆境に強い人の共通点１　心の姿勢が〝受け身〟ではなく〝能動的〟

うつ病のことを大企業症候群と言う人もいる。彼らは正社員としてリストラの心配もない大企業で働いている。家族もいる。失業している孤独な人から見れば恵まれている。でも「もう生きていけない」と絶望して憂うつになる。

「もっとお金がないと不安だ」と言う人は、もっとお金を持っても不安である。不安の原因はお金ではなく、その人のパーソナリティーである。

先に述べた自分が状況をコントロールしているという感覚は、受け身と正反対の感覚である。

コバサの言う「逆境に強い人の特徴」はすべて受け身ではないということである。第二の特徴の「関わる」も同じである。受け身では人とは関われない。

受け身の人はストレスに弱い。逆境に弱い。

逆境ですぐに心が折れる人は受け身の人であろう。多くの場合ストレスそのものに負けたのではなく、自分の受け身の姿勢に負けたのである。

自分に負けるな！

つまりコバサの研究で分かることは、受け身の人は困難や逆境に際してそれを元気で乗り切れないということである。状況を受け身で解釈していると、自分の中に力を感じることができない。だからストレスに潰される。

物事を「ああされた、こうされた」と受け身で解釈していると恨みになってくる。「あいつのためにこうなった」と解釈していると悔しさで消耗する。

しかし能動的に解釈すると自分の中に力を感じることができる。そこでストレスを払いのけることができる。自分の中に力を感じるということは心の中に核ができるということである。心の砦ができると言ってよいかもしれない。

自分の中に力を感じることと、物事を能動的に解釈することは好循環するところがある。自分の中に力を感じることができるから、自分の置かれた状況を能動的に解釈することができ、能動的に解釈するから自分の中に力を感じることができると言うように好循環する。逆に受け身と心の中に核がないことは悪循環する。

心に葛藤がある人は能動的になれない。心の砦がつくれない。

だから経営の危機を元気に乗り切る人もいれば、自殺する人もいるだろう。もっと言えば、経営が危機ではないのにうつ病になる経営者もいるだろう。

自殺する人は、好きこのんでそうなったわけではない。できれば逆境を教師として生きたかったのかもしれない。逆境で学ぶことができなかったのには、いくつも原因があるだろう。

そもそもそういう人達は経営に向いていなかったのかもしれない。つまり職業選択を間違えたことから始まって、さまざまな選択を間違えたに違いない。そして間違ったボートに乗ってしまい、しかも一生懸命頑張ったと自分では思っている。彼らは必死で頑張ったに違いない。「なぜこんなに頑張っているのに、うまくいかないのだろう？」と考える心理的ゆとりもなかった。

間違ったボートに乗ってしまったのにはそれぞれ事情があるだろう。親の過大な期待の犠牲になった人もいるだろう。周囲の誰かの期待のために、無理に経営者にさせられてしまった人もいるだろう。その期待の犠牲になった。そういう人もいるだろう。周囲の誰かの心の傷を癒やすための道具になった人もいるだろう。

自殺した人は、醜いアヒルの子かもしれない。生きる世界を間違えた。生きる戦略を間違えた。

「受動的な個人は能動的な個人より平均的にみて持久力が少ない。[*5]」

「低い自己評価」は間違った思い込み

生きる世界を間違えた人や、従順に馴らされた人達がいきなり逆境を元気に乗り切った人と同じになろうとしても無理である。

両者では生きてきた土台が違う。悲劇の人たちは基本的欲求が満たされていない。マズローによれば、それは主体以外の人によって満たされるものである。

彼らは誰も自分の基本的欲求を満たしてくれない人間環境の中で生まれ、その時まで生きてきたのである。社会的には経営者とはいえ、心理的には退行欲求に支配されている小さな子どもの段階である。

そういう人達にいきなりストレス耐性の3Cとして知られるCommitment（関わり）、Control（コントロール）、Challenge（チャレンジ）という三つのCを求めても無理な話である。

人は段階を踏んで強くなる。まず無能力妄想から解放される努力から始めることである。

「低い自己評価がストレスの基本的な源泉である」[*6]といわれるが、低い自己評価になったのはその人の責任ではない。

さらに、恵まれた人間環境で生きてきた人達も、逆境になって初めて逆境に強い人間になろうとしても無理である。

従って日頃から物事を解釈する時に、受け身の解釈から能動的な解釈へと自分を訓練することである。そして大切なのは「自分がこの状況を生み出した張本人」と認める訓練をすることである。さらにそう分かっても、さらに自分を責めない心の習慣をつくることである。

自分を責めても何も解決しない。

反省はする。一に反省、二に反省である。三、四がなくて五に反省である。しかし決して自分を責めない。

ところがストレスに負ける多くの人は反省をしないで、自分を責める。自分を責めるから「私はダメな人間」と落ち込む。

「自分がこの状況を生み出した張本人」であり「その原因は私の弱さ」と理解すれば、行く先は見えてくる。自分をどう鍛錬したらよいかも分かってくる。そこで「艱難《かんなん》汝を玉にす」という格言も理解できるようになる。

そして「原因としての私の弱さ」を責めない。なぜなら自分の心が弱くなったのには、弱くなった理由があるからである。自分が好きこのんで弱くなったのではない。

心の弱さとは自我の未確立である。自我の確立に望ましい環境と望ましくない環境がある。

愛に恵まれた温かい家庭で育つ人もいれば、憎しみと不信と恐怖の渦巻く家庭で育つ人もいる。後者の人にいきなり前者の人と同じことを期待するのは、ヘビにいきなり鷲になれと期待するのと同じである。

ストレス耐性の低い人は、それまでの生き方の結果として弱くなったのである。自らの運命、自らの生の土台をしっかりと理解しなければいけない。

「自分がこの状況を生み出した張本人」であり「その原因は私の弱さ」と理解することは、同時に「私はよくやった」という解釈に結びつくはずである。

たとえば多くの悩んでいる人は、自分はコミュニケーション能力がないと言う。しかし自分はコミュニケーション能力がないと言って嘆くことはない。コミュニケーション能力を持てないような人間になるような環境に生まれ、そういう環境で生きてきたのである。だからコミュニケーション能力のある人と自分とを比較することはできない。

恥ずかしがり屋の人はコミュニケーション能力がない。

「恥は人間が根元から離れていることについての口にいい尽くせない想起である。それはこの隔離に対する悲しみであり、根元との一致に戻りたいという無力の願望である。……恥は自責よりももっと根元的なのである」*7

根源から切り離され、誰ともつながっていない人のコミュニケーション能力と、共同体に一体化している人のコミュニケーション能力を比較などできるわけがない。

自分は根元から切り離されてコミュニケーション能力がないのに、今まで生きてこられたことは奇跡に近い。

だから「それなのに私は生きてきた」、こう自分を解釈することが大切である。

「よく自分は今まで頑張って生きてこられた、誰が何と言おうと私はすごい」ということの方が正しい自分理解である。

自分が弱いと受け入れ、トラブルの原因は自分だと認め、弱いのは自分の責任ではないと理解する。そうすると今の状況が望ましくなくても気は軽くなる。人に責められても前ほど落ち込まない。

幼少期に形成された自己イメージは恐ろしい。しかしそれは単なる思い込みである。今の自己イメージは理にかなったことではない。

コントロール能力は能動性の賜《たまもの》である。だから自分はコントロール能力がないと思っている人は、自分を受け身にした小さい頃からのメッセージを分析し、それを自分の心の中から排除することが大切である。

深呼吸をして空気を吐く時に、小さい頃からの破壊的メッセージを一緒に吐き出す。

小さい頃からさまざまなメッセージを受けて我々は成長する。人は過去から影響を受けている。

間違った自己イメージを排除することは過去からの解放である。

間違った自己イメージはトイレで一緒に排泄する。

逆境に強い人の共通点2 周囲の人に〝憎しみ〟を持たない

スーザン・コバサの言う「逆境に強い人の特徴」を見ていくと、「受け身ではない」ということのほかに、もう一つ「憎しみがない」という共通性がある。

憎しみがあれば二番目の特徴である「仕事、地域、家族など、本人が意味があると感じているものと深い関わりを持っている」という特徴はない。憎しみがあれば、あることに深くコミットすることはできない。愛情があるから、前向きだから「本人が意味があると感じているものと深い関わり」を持てる。

受け身の人はどうしても憎しみを持つ。「こうしてほしい、ああしてほしい」と考えていたら、どうしても憎しみを持つ。それは大人になれば、周囲の人はその人に、そうしてくれないからである。逆に「こうされた、ああされた」と恨みを持つことになる。

自分が、逆境に強い経営者の特徴のような性格を持っていなくても落胆する必要はない。自分の心の中の憎しみの感情を意識し、それを排除する努力から始めればよい。「悩みは昨日の出来事ではない」と言った、オーストリアの精神科医ベラン・ウルフの言い方を借りれば、「逆境に強い経営者の特徴は昨日の出来事ではない」。


コントロール能力の発展を別の視点から考えてみよう。

コントロール能力は、自分が直面するトラブルの原因を一つに絞ることでも破壊される。

ハーバード大学のエレン・ランガー教授は離婚に関して調査を行ったところ、離婚を元の配偶者のせいにした人の方が、自分の状況に対して考えられる数多くの解釈を見出した人よりも長いこと苦しむと分かったという。[*8]

離婚ばかりではなく、責任転嫁など「これは自分がしたこと」という受け止め方ができない人は、苦しむ。なかなか苦しみから抜け出られない。

このエレン・ランガー教授の研究は苦しんでいる人間、悩んでいる人間について考える時の一つのヒントになる。つまり常に責任逃れをして生きてきた人はその「ツケ」をきちんと払わされているのではないかということである。

今の苦しみはその「ツケ」である可能性がある。つまり物事を自分の責任として処理してきた人よりも、責任逃れをして生きてきた人の方が、結果として日常生活でより苦しむということである。

責任転嫁の得意な人がいる。何か面白くないことがあるとすぐに人の責任にする。相手のせいにするということは、自分は何も対処しなかったということである。

「燃え尽き症候群」を提唱したフロイデンバーガーは悪いことがあると、それに対する自分の責任を回避して、何でも他人のせいにする偏執性の症状を、燃え尽きの典型的な兆候であると述べている。[*9]

望ましくないことが起きた時に、何でも人の責任にして生きていればその場その場は心理的に楽である。何でも悪いことがあると「おまえのせいでこうなった」と相手を責めている人がいる。

その場は相手を責めることで気持ちが楽になるかもしれないが、やはり生きることにますます悩みが多くなるであろう。そういう人は、最後は燃え尽きる。

子どもが健全に育たなかった時に「おまえの育て方が悪い」と奥さんを責める夫が日本

には多い。その場で夫は心理的に楽をしても、その姿勢は結婚生活をより苦しいものにする。つまり結婚生活は奥さんにとってよりも夫にとっての方が苦しいものになる。

子どもが望ましくない行動をした時に「社会が悪い、学校が悪い」と言う母親も同じことである。いじめ事件が起きた時に皆で「学校が悪い」と責任を学校に押し付けるのは簡単であり、我々親にとってその場は心理的に救われる。しかし実はそれでは何も解決していないことが多い。そればかりか、そうした責任転嫁をしていると親子関係でいつまでも苦しみから解放されない。

あるいは家庭内暴力の子どもが親に向かって「おまえの育て方が悪い」と親を責めることがある。こういう子どもはもちろんであるが生きているのが苦しい。

あるいは先生の教え方が悪いと先生の教え方に責任転嫁している学生は学校生活がつらいのである。

自分が悪いことに対処しないで、相手を責める。するとますます対処能力がなくなる。

何でもかんでも悪いことがあると人のせいにして、他人を責めている人を見ると、あれだけ何でも人のせいにできれば楽だろうと思うが、実は逆なのである。

彼らは周囲から見るとなんて迷惑な勝手な人なんだろうという気がするが、本人は周囲の人よりも苦しんでいる。

ある三十代も半ばを過ぎた既婚の男性が若い独身の女性と恋をした。彼には子どももいた。そして離婚をしてその恋人と結婚した。

その結婚に彼は心の底で良心の呵責《かしゃく》を感じていた。彼は別れた子どもがかわいそうだった。

ところが彼は恋愛、離婚、結婚、すべての責任をその若い女性に押し付けた。子どもにかわいそうな思いをさせているのは自分の責任なのに、恋人の方を責めた。

自分が悪いと思って、自分で責任をとれない。その若い恋人と一緒になりたかったのは自分なのに、それを認められない。相手が結婚を望んだとして、相手を責めた。子どもがかわいそうなのは、結婚したがった恋人の責任だと恋人を責め続けた。

離婚の原因をつくった恋をしたのは自分なのに、それを認められない。彼は生涯責任転嫁をし続けた。そして生涯苦しみ続けた。

これは全く対処能力がないということである。

もちろん、家庭内のことばかりではなく職場等々、人生にはトラブルがつきものである。それをどう処理していくかが対処能力である。

トラブルの原因を一つに絞る。そうして相手を責めることは簡単であるが、それはますますコントロール能力、対処能力の喪失につながる。

同じ状況を、視点を変えてプラスに解釈する力

ではなぜこうなるのか？　先の離婚で考えてみよう。

自分が愛されることばかりを考えて恋愛をすれば、相手に不満が出るのは当たり前である。そして結婚すれば相手にさらに不満になるのは当たり前である。離婚をすれば、離婚原因は相手だと思うだろう。

つまり愛することではなく、愛されることばかり求めていれば、自分の置かれている望ましくない状況に対して数多くの解釈はできない。

受け身の人は望ましくない状況に対して数多くの解釈はできない。状況をいろいろな視点から見られる人の方が対処能力はある。

つまり対処能力をつけるための一つの方法は、物事をいろいろな視点から見る訓練をすることである。


たとえば社会的に大騒ぎをするような殺人事件を起こす少年が「良い子」とか模範的生徒と言われる。そして新聞は「なぜだ？」と騒ぐ。

しかし「良い子」は視点を変えると、おびえて生きている子である。

「良い人」というのは、視点を変えると、不安な人である。

彼らは周囲の人と「うまくやっていく」ために意志と感情を殺した子である。

たとえばある子は母親と図書館に行きたくない。行っても楽しくない。しかし「良い子」でいるために「楽しいと意識する」。現実否認は、莫大なエネルギーを消費する。だから「良い子」は疲れる。

母親の手伝いをよくする子が母親を殺すと、新聞は「なぜだ？」と騒ぐ。しかし母親の手伝いをよくする子は、視点を変えると、寂しい子である。母親の関心が欲しかった。関心を求めているから「こっちに向いて」と母親の仕事を手伝った。

子煩悩な父親は、視点を変えると、愛情飢餓感のあるノイローゼの父親である。

従順な良い子は、視点を変えると、自発性のない子である。それは自分の考えを言わない子であり、感情が貧困化した子である。

真面目な生徒は、視点を変えると、一人の人間として一生懸命ではなかった。

礼儀正しい子は、視点を変えると、他者への敵意が隠された子である。礼儀正しさの裏に隠されている他者への攻撃性、敵意、それが発散されないために、予《あらかじ》め配慮をしているのが礼儀正しい子である。

騒ぎ立てる子は、視点を変えると、自分を表現できる子である。視点を変えられないから親子のトラブルがある。そして視点を変えられないから、起きたトラブルを解決できない。視点を変えることが解決につながる。

つまりいろいろな視点から状況を解釈できる人は対処能力が出てくる。もし「あーこの子は寂しいから私の手伝いをしていたのか」と母親が解釈できれば、状況は解決に向かう。

ケース・ウェスタン・リザーブ大学のカレン・オルネスという小児科教授は、偏頭痛を持つ子ども達に自己コントロール法を教えて、症状の軽減に成功したという。[*10]

傷の大きさは客観的事実である。どれくらい痛いと感じるかは心理的事実である。客観的事実と心理的事実とは全く違う。しようと思えば痛みさえもがコントロールできる。

逆境に強い人の共通点③ 問題を解決するための行動を起こす

スーザン・コバサの言う「逆境に強い人の特徴」のほかに、憎しみがない人という共通性があると先に書いたが、さらにもう一つ共通性がある。それは解決の意志があることである。

危機で挫折する人は直面するトラブルを解決する意志がない。人生が楽しくないのは問題を解決する意志がないからである。そして解決するための行動に出ないからである。

生きがいとは日々の積み重ねである。一つ一つの問題を解決することで、人生に意味が出てくる。

うつ病になりやすい執着性格者は十年経っても同じことを言っている。解決せずに幸せになることを考えているから、生涯幸せになれない。

たとえば解決の意志はないというのはどういう人か。

「私は太っているから不幸」と言う人がいる。しかし太っていることを解決する意志はない。

「私は不幸」と口に出すのは、他人が悪いと思っているからである。心の底ではすべてを人のせいにする。

「私は不幸」と口に出すのは、「私は悪くない」ということである。「私は不幸」と言っている人にとって「悪いのは周りの人」なのである。

「私は不幸」という言葉に隠されたメッセージは「私の不幸はあなたの責任だから、あなた私をどうかして」ということである。他人が悪いと思っているから、「私は不幸」と口に出すのである。

カレン・ホルナイは惨めさの誇示は憎しみの間接的な表現であると言っている。

「私は不幸」という言葉の意味は「私はあなたを嫌いだ」ということである。

「私は不幸」と口に出す本人には、自分は何を責任転嫁しているのか自覚がないが、常にその何かを人のせいにしている。

「苦しい」と訴えても、解決しない。自分がはい上がろうとする意志がないから。神経症者は努力しないで幸せになる方法を求めてしまう。その結果、墓穴を掘る。

「私は不幸」と口に出す人は、相手の言うことを聞こうという意志がないから幸せになれない。「私は不幸」と口に出す人は、素直さがない。相手を罠にかけている。


会社の危機を元気で乗り切った経営者は、会社経営でなくても、日常の逆境に対しても折れない心を持っているに違いない。

彼らがもし「成功と失敗」という範疇だけで生きているホモ・ファーベル（働く人）であるなら会社の危機を乗り切れなかったろう。経営者としてたまたま今は成功しているが、視野が狭いから、逆境が来た時には元気には乗り切れない。なぜなら視野が狭いから会社の危機がものすごいストレスになるからである。

会社の危機に弱い経営者はホモ・ファーベルであると私は確信している。そして会社の危機に弱い経営者は成功している時も、実は自分自身に絶望しているに違いない。

フランクルの言う「成功と失敗」という範疇と別次元の「充足と絶望」という範疇を価値観として持っている人は逆境で心が折れない。

危機に弱い人は、社会的に自分のしていることと自分の心の中が全く違う。

疑似成長をしていると、行動はまともな社会人であっても、心理的には幼児である。そこで社会の中で生きていることが苦しい。

ところで、それぞれの人で成功の意味が違う。たとえばホモ・ファーベルは成功とは、人から高く評価されることである。心理的に健康な人は自分の心が満足することである。だから心理的に健康な人は自分の好きな山に登るが、恥ずかしがり屋の人はエベレストに登ろうとする。自分の好きな山に登る人は自分を知っている人である。

ホモ・ファーベルにとって成功とは皆が尊敬し賞賛する人になることである。そして成功すると自分達の偉業や才能についてしばしば自慢する。「私はこれをした、私はあれもした、すごいだろう」と騒ぐ。が、周りから嫌われる。

第2章

ストレス耐性を強くする生き方、弱くなる生き方

つらい時に心の支えとなるのは「心がふれあう人」の存在

苦しい時に人と励まし合える幸福

人は幸福になる種と、不幸になる種を持って生まれてくる。その人の生き方によって、ある人は幸福になる種を成長させて幸福になるし、別の人は不幸になる種を成長させて不幸になる。

人生には問題が山積している。心がふれあう体験を持っている人によってのみ人生の諸問題は解決できる。

アドラーは「共同体感情を持っている人によってのみ人生の諸問題は解決できる」と言う。[*11] 人生の諸問題を解決できなければ、人生が行き詰まってパワー・ハラスメントをするか、カルト集団に入るか、自律神経失調症になるか、うつ病になるか、引きこもりになるか、ドメスティック・バイオレンスを行うか等々になる。

「人生の諸問題は煎じ詰めれば、共同体感情の欠如である」[*12] とアドラーは言う。アドラーは英語では社会的感情と表現しているが、ドイツ語では共同体感情と言っている。アドラーが社会的感情とか共同体感情と言っているのは、私に言わせればフロムの言う成長の症候群で、ことに生に関心のあるバイオフィラスのことである。バイオフィラスな傾向は、優越への願望と違って、心がふれあう体験を育成する。

それは心がふれあう体験ができる心の傾向のことである。

また別の言い方をすれば、人生の諸問題はコミュニケーション能力で解決できる。コミュニケーション能力がバイオフィラスの心の傾向であり、共同体感情である。共同体感情とは、私に言わせれば、人の幸せを喜べる感情である。

人生には問題が山積しているから、問題解決能力がなくてはならない。問題解決能力とは要するにコミュニケーション能力である。問題解決能力とは、フロムの言う成長の症候群に従って生きる能力のことである。

中でもバイオフィラスな人となって生きることである。生きることに関心を持つ人である。つまり人を励ます、心がふれあう体験をするように生きることである。苦しい時にお互いに「頑張ろう、生きよう」と励まし合うことである。

そうした態度で問題は解決していくし、問題解決能力がさらに育成されてくる。

「心がふれあう体験」が心の支えをつくる

はじめに書いたように人生には問題が山積している。では悩んでいる人の救いは?

それは問題解決能力である。問題解決能力とは成長の症候群である。中でもバイオフィラスな傾向である。それは人を励ます心の傾向、共同体感情である。人の幸せを喜べる感情である。

逆に死に関心のあるネクロフィラスは、人を貶《けな》す。人の幸せに嫌味を言う心の傾向である。大人になってもネクロフィラスを解消できていなければ、神経症とかサディズムが生じてくる。

フロムは、その著書[*13]の中でバイオフィラスな人と、ネクロフィラスな人とについて述べている。バイオフィラスは生を愛することであり、ネクロフィラスは死を愛することである。ネクロフィリアの反対はバイオフィリアであり、ナルシシズムの反対は愛であり、近親相姦的共生の反対は独立と自由である。そしてこの三つの傾向の症候をフロムは、衰退の症候群と成長の症候群と呼んでいる[*14]。

これははじめに書いた幸福になる種と、不幸になる種である。別の言葉で言えば、ストレス耐性を強化する生き方とストレス耐性を弱化する生き方である。

心がふれあう体験の欠如した人は、人生の諸問題を解決できない。簡単に言えば心がふれあう体験の欠如した人は悩みを解決できないということである。心がふれあう体験から生じる心の支えがないからである。

人生の問題にはいろいろとある、仕事上の問題、恋愛や結婚生活等々の愛情生活の上での問題、公共生活の上で生じる問題。小学校入学前から始まる人間関係の問題等々がある。成長の症候群に従って生きられれば、犯罪を犯さないで生活をしていかれる。心理的成長を果たすことができれば、競争社会でも心の病にならない。

社会的にどんなに偉くなっても、それだけでは人生の諸問題は解決できない。どんなに偉くなっても父親は父親である。親子関係から来る問題は起きる。皇帝カール五世は体に悪いと知りながら、暴食の癖を制御できなかった。皇帝になっても人生の諸問題は解決しないということである。

ストレス耐性度とパワハラの相関関係

心がふれあう体験の本質は成長欲求であり、カレン・ホルナイの言う積極的感情である。ストレス耐性度でもある。

共同体感情のある人は、逆境に強い人である。そこで心の支えができて人生の諸問題をなんとか乗り切れる。幸福になる種を成長させることができる。

何か問題が起きれば、すぐに心の動揺があり、絶望するというのであれば、人生の諸問題に適切な対処はできない。人生の諸問題にうまく対処できなくて、人生が行き詰まって、そして心にサディズムが生じてくる。不幸になる種を成長させてしまう。

その結果が、たとえばパワー・ハラスメントである。パワー・ハラスメントをする人は、皆こうして人生が行き詰まっている。

人生の諸問題に対処できる人、それはネクロフィラスな人ではない。この人生で「自分は何をしたいか」が分かっている人である。

心がふれあう体験は、マズローの言う成長欲求からの体験である。自立心である。

逆に言うと、心がふれあう体験とは自己実現している人の体験である。自己実現していれば、人生の諸問題はなんとか解決できる。

人生の諸問題をなんとか解決できる力は、フロムの言うバイオフィラスな傾向であり、カレン・ホルナイの言う積極的感情である。アドラーの言う共同体感情である。心がふれあう体験を可能にするのは能動性であり他者への積極的関心である。

心がふれあう体験とはロロ・メイの言う「自己の内なる力」によって可能である。なぜならそれが、仲間に対する最大の貢献だからである。こういう人は、パワー・ハラスメントをする人にはならない。部下が大切であり、同僚が大切であり、上司が大切である。

つまりパワー・ハラスメントをする人は「自己の内なる力」がない。何よりも自分はこの人生で何をしたいかが分かっていない。共同体感情がない。自分を守る心の力がない。幸せな人が不幸になってほしい。

自分はこの会社で何をしたいかが分かっていない。会社にはいるが、心は迷えるシカである。課長になっても、部長になっても、役員になっても、心は迷えるシカである。同僚とも、上司とも、部下とも心のふれあいがない。

外から見ると立派な社会人である。成功した社会人である。しかし心の中を見れば、人生が行き詰まっている。

自分の人生が行き詰まっているのを解決できなくて、パワー・ハラスメントに走る。しかしパワー・ハラスメントをしたからといって、人生の行き詰まりが解決できるわけではない。

「自分は社会の中で生きている」という感情を持っていることで、心がふれあう体験が可能になり、人生の行き詰まりが解決に向かう。だからこそ共同体感情があれば、神経症者にならないで生きていかれる。共同体感情があれば、ストレスの多い人生でも、人はなんとか生きていかれる。

本質を具体的に述べると、まず「私はこういうことがしたい」ということが分かっている。それに付随して思いやり、人の幸せを喜ぶ心理、人の悲しみに心が痛む、共感能力、協力する、同情する、助け合う、動物を殺せない、動物の虐待をしない等々である。

要するに人をいじめない人である。いじめたいという感情が湧いてこない人である。

そういう人は社会の中の自分の位置が分かっている。他人と自分との関係が分かっている。自分はスキーが初心者なのに、スキーの選手と一緒にスキーに行きたいとは思わない。だから努力が報われる。

人との関わりの中で生まれる「心の砦」

共同体感情とは人との関わりの中での感情である。相手が何を喜び、何を嫌がっているかということが理解できることである。

「私たちという仲間意識」を持った努力は頑張った甲斐が出てくる。頑張っただけ幸せになれる。だからこそ共同体感情は、ストレスに対する「心の砦」なのである。

心のつながりを体験できるのは、誰か？

人を励ます人は、自我の確立がある、仲間意識がある。

「私たちが最も充足するのは、この気持ちが活発なときである。」*15

心がふれあう体験は、「生きることの喜び」である。「楽しい」という感情である。

それは人と心のつながりを持っているということである。あの人をいじめたいという感情がないことである。

誰とも心のつながりを持っていなければ、確かに人生の諸問題を解決することはできない。自分を守る「心の砦」がないのだから。

自分を守る「心の砦」がない人は、すぐに心が折れてしまう。成功している人に嫌味を言いたいという感情がある。

カレン・ホルナイの言う積極的感情とは人との心の絆感である。カレン・ホルナイの積極的感情とはアドラーの言う共同体感情である。

誰であれ人と心が触れている時には、そこに積極的感情があると考えてよいだろう。

燃え尽きを防ぐためには親しい人をつくることと言うフロイデン・バーガーの言葉も、それを表している。

心がふれあう体験とは、人とつながることのできる体験である。

社会学で言う「我々感情」である。We-feelingである。ねばりのある人は、「私たち」という心の内的な姿勢がある。お互いの間に「根源的な共同性の場」がある。

人と心がつながることができないのが神経症である。神経症は人と依存的敵対関係になり、人と心がつながることができない。

「狂気の人間というのは、どんな結びつきをつくることにも完全に失敗して、格子のついた窓のなかに入れられていない時でも、獄に入れられている人間のことである。生活する他人と結びつきをもち、関係をもとうとする必要性は、避けられない欲求であり、それを満たすことによって人間の正気がたもたれる。[*16]」

励ますことができる人、できない人の心理

励ますことができるかできないかで共同体感情を測ることができるとアドラーは言う。その通りである。

励ますことのできる人はバイオフィラスな人である。生まれつきの死を愛するネクロフィラスな傾向が克服されている。それが成長の症候群である。幸福になる種を成長させ

ることができる。花を咲かせることができる。

人に嫌味を言う「斜に構えた人」には、共同体感情はない。不幸になる種を成長させてしまう。不幸になる種を成長させ、不幸な花を咲かせてしまう。

斜に構えた人には、苦しい時にお互いに励ましあうということがない。「頑張ろう、生きよう」がない。

相手に敵意があったら相手を励ませない。

励ます人は自我の確立がある。

共同体感情とは、仲間意識、友情、コミュニティー、そして愛等である。*17　お互いに励ましあうことのできる感情である。仲間の幸せを喜べる感情である。

それは心を大切にすることである。簡単なようであるが、現実にはなかなかできない。不安な人は、他人の成功に、口では「おめでとう」と言うが、心の底では面白くない。

そして共同体感情には自主性、自発性、能動性、積極性などが必要である。

何をしてもすぐに諦めやすい人は、自発性がない。自発性から何かを始めた人は、すぐにバテない。困難に遭遇してもすぐに諦めない。

先に述べたようにカレン・ホルナイは共同体感情を「他者に対する積極的な感情」と言う。

その中核はバイオフィラスな傾向であろう。バイオフィラスな人は、ネクロフィラスな人と弱者への目が違う。共同体感情、それは人間が他人と一緒に生きているという不動の論理を感情が理解していることである。理性が理解しているのではない。

他人に貢献しようとする感情である。「自分が社会の中で生きている」という感情である。社会的に応分の負担をする心の姿勢である。

劣等感や優越感は、共同体感情の反対の感情である。バイオフィラスな人は、自分は何をしたいのかを理解し、人との心のつながりを確認し、ふれあいを増大することによって人生の課題を乗り越えることができる。

繰り返すが、共同体感情は人との心の絆感である。それが誰であれ、人と心がふれている時の感情である。人である必要はない。犬でも何でも心のつながりがあるかどうかが重要である。

人生の諸問題に対処できる人が、逆境に強い人である。ストレス耐性の強い人である。それが共同体感情である。

共同体感情の本質は成長欲求、積極的感情、高いストレス耐性度でもある。「自分が社会の中で生きている」という感情である。

共同体感情からの行動が励ましと勇気である。他人との関係では励まし、自分には勇気である。

助け合って生きるという共同体感情がない人は、困難に際して乗り越える勇気が十分ではない。

勇気が共同体感情であり、不安を乗り越える力であり、成長欲求である。共同体感情とは成長する心の姿勢である。それが建前ではなく、本音である。

勇気は共同体感情の重要な要素という。勇気とは、自分の現実に直面する勇気である。自分の心の葛藤に向き合う勇気がなければ、どのような行動も仲間のためにはならない。

親子関係で失敗すると、その後の人生で間違った道を行く可能性が大きい。

子どもを最も助けるもの[18]は、自分自身の力に自信を持たせることである。

子どもの自己信頼はバイオフィラスへとつながる。[19]

心の居場所がある人の感情が共同体感情でもある。

これは相互性である。相互性で、与えつつ与えられるという関係が生じて、後に共同体感情が生じてくる。それは自己同一化の形成である。それに失敗すると、その後も与えてくれる人を探す。[20]

ストレス耐性の障害になる感情① 劣等感と優越感――人の成功に嫌味を言う

共同体感情ではなく、劣等感や優越感を動機とした行動の場合には、どうしても優越が目的になる。

その点で優越感は共同体感情を否定するものである。同時に劣等感も共同体感情を否定するものである。不幸になる種を成長させてしまう。

共同体感情の障害が優越への努力である。友人の成功に「俺たちと会う時間もないのか、お前も偉くなったもんだなー」などと嫌味を言う人である。「お前の噂、聞かないぞ」などと嫌味を言う人である。

人の幸せを喜べ、人の苦しみを理解できる人が共同体的感情を持っている人である。それは劣等感を行動の動機としないということである。

パワー・ハラスメントをする人の心がいかに崩壊しているかが理解できる。

斜に構えた人には共同体感情はない。共同体感情の反対は劣等感であり、ナルシシズムであり、ネクロフィラスである。ナルシシスト、ネクロフィラスな人は人生の諸問題を解決できないで苦しんでいる。

人生の諸問題を解決できないままに生きているナルシシスト、ネクロフィラスな人はいつも悩んでいる人でもある。こういう人達が、パワー・ハラスメントでなんとかその行き詰まりを打開しようとしている。

パワー・ハラスメントをする人は、人生が行き詰まっているということを理解しないと、パワー・ハラスメントの本質は理解できない。

パワー・ハラスメントをする人は、無意識では自分の人生が行き詰まっていることを感じている。しかし、自分の人生が行き詰まっていることを認めていない。完全に衰退の症候群になっている。だから人の不幸に喜びを感じる。

ストレス耐性の障害になる感情②　依存心――「ああしてほしい、こうしてほしい」と思うか、「ああしてくれた、こうしてくれた」と思うかの差

ナルシシズム、ネクロフィラスのほかに、もう一つ理解しなければならないのが依存心である。依存心もまた衰退の症候群の重要な一要素と考えていいだろう。

ナルシシズム、ネクロフィラス、近親相姦願望（「従順と安全安心」を求める願望）というのが、フロムの言う衰退の症候群である。依存心は近親相姦願望の中に入るだろう。

依存心は「ああしてほしい、こうしてほしい、こう言ってほしい」等々と際限もなく「し

てほしい」ことが出てくる。

しかし世の中で、大人になって、こんな際限もない要求を満足できる環境はない。そうなれば、不満になる。周囲の人、近い人に不満になる。不満から攻撃性が生じる。その結果、依存心があれば不可避的に敵意が生じる。

その敵意をどこに向けるか？　部下に向けるのがパワー・ハラスメントである。

敵意を持った上で人生の諸問題を解決できるわけがない。敵意を持った上で複雑な人間関係を日々処理していくことは不可能である。隠された敵意、隠された怒りがあれば人生の諸問題は処理できない。

共同体感情は「あの人から、これをしてもらった、あれをしてもらった」と感じる心である。「あの人は自分にこれをしてくれた」と感じる。

依存心と敵意が相関しているように自立心と感謝は相関している。従って自立心のある人は、人間関係がうまくいく。

人は「何を嫌がるか？」ということが理解できない人がいる。逆に相手が嫌がっていることが分からない人、それが共同体感情のない人である。その典型的な例はストーカーのような人である。

ストレス耐性の障害になる感情③　虚栄心と自己執着――自分にしか関心がない

次の虚栄心とか自己執着は、先の依存心と同じく近親相姦願望の内容の一つである。近親相姦願望とは「保護と安全安心」を求める願望である。それが成長の過程で自然な形で満たされないので、虚栄心とか自己執着が生まれてくる。

虚栄心は共同体感情の障害である。よい人間関係ができない。ありのままの自分で生きている人は、しっかりした人間関係ができている。

共同体感情の育成の障害は、次に虚栄心と同じように自己執着である。

他者への関心、それは自らの心の葛藤に囚われていないことである。心の葛藤があると、それに気を奪われてしまう。他者へ関心が行かない。それが自己執着である。

つまり心に葛藤があると、人生の諸問題は解決できないということである。

共同体感情の反対は自己執着である。

つまり自己執着には、心のつながる相手がいない。固有な他者がいない。自分しかいない。相手の現実がない。

「他者がいない」という中には、他者に対する思いやりがないという面と、他者によって助けられているという感覚がないという面と両方ある。

自己執着の強い人は、つまり共同体感情のない人は、人を助けることもないし、同時に自分が人から助けられているという感覚もない。「あー、あの人に助けられたなあ」というしみじみとした感情がない。

悩んでいる人には、助けると助けられるとの相互性の中での心のふれあいがない。

自己執着の強い人は、自分はいろいろな人に傷つけられたが、自分もまたいろいろな人を傷つけたということが理解できない。自己執着の強い人は、自分はいろいろな人に傷つけられたということしか心の中にはない。

共同体感情とは相手のしている苦労が分かるということである。人の苦労している気持ちが分かるということである。

よく人の痛みが分かるとか、分からないとかいうことが言われる。人の痛みが分かる人が共同体感情のある人である。無私ということには、自分に執着しないという意味がある。

斜に構えた人には、苦しい時にお互いに励まし合うということがない。「頑張ろう、生きよう」がない。それは感情の貧困化であり、視野の狭さであり、共感能力の欠如である。

自分が肉体的に健康で、ハンディキャップのある人の苦労を理解できる人が、共同体感情のある人である。

要するにパワー・ハラスメントをする人は、依存心、自己執着が強い。今、人生が行き詰まっている。目の前にいろいろな問題がある。しかし大人として問題を解決する意志がない。パワー・ハラスメントをすることで問題を解決しようとしても、問題は解決しない。無意識での「助けてくれー！」という叫びがパワー・ハラスメントである。

「人生が行き詰まっている」といっても、現実の大きな困難で行き詰まっているわけではない。大人となった幼児が、身動きできなくなっているだけである。大人となった幼児は、自分が心理的には幼児であることに気がついていない。そこが問題なのである。

衰退の症候群から成長の症候群に、自分が変われば、現実は解決できる。しかし自分が変わることを本人が拒否している。今の心理的幼児の自分に固執している。そのことにも気がついていない。

依存心、自己執着などに苦しめられている人は、まだ衰退の症候群から抜けられないで、もがいているのである。依存心、自己執着は、「保護と安全安心」を求める近親相姦願望の要素でもある。

フロムは、どこまで母親固着から解放されるかが、どこまで自分自身になれるかということであると言う。ある人は、自立へ向かって励ましてくれる母親のもとで成長する。別の人は、母親の支配欲や所有欲の対象となって成長する人もいる。自立へ向かって励まされて成長した人は、人生が行き詰まってパワー・ハラスメントをすることはないだろう。

人はそれぞれの運命を背負って生きる。自らの運命を自覚することが、問題解決能力を開発する。

自分は「心理的には幼児のままの大人」と気づく

望ましい生き方をしている人は、心理的年齢と、肉体的年齢と、社会的年齢のバランスが取れている。「大人になった幼児」になると、そのバランスが崩れる。その矛盾を乗り切ろうとして神経症的要求をするようになる。

誰でも望ましい環境に生まれたい。しかし残念ながら多くの人は、理想の環境に生まれるわけではない。神経症の親の必要性に従って成長する人もいる。そういう人は、幼児期の欲求が満たされずに神経症になり、神経症的要求を持ちながら生きていく。

神経症的要求の特徴の一つは「私は特別である」という要求である。神経症的要求は、誇大な自己イメージで適切な目的ではない。成長の障害になっている。「私は人類を救う」などという大ボラを吹く人である。いわゆるメサイア・コンプレックスである。

ストレスに弱い人、引きこもりの人は、たとえば「上役が何にも分かっていない」「あんな愚かな社長の会社なんかで働いていられるか？」等と言う。「そういう偉そうなことばかり言って、働いていない自分は何なのだろう？」と考えない。そこが「私は特別」ということである。

普通の人は、子育てして、満員電車で通勤して働いて、親の介護で苦労して働いている。ストレスに弱い引きこもりの人は、「私は特別」だから、それをしなくていいと思う。

ストレスに弱い引きこもりの人の言うことに、「そんなに考えているの、じゃあ大変だよね」と言うと、話に乗ってくる。それは「私は特別」という気持ちが満足したからである。「私は特別」という意識が強くなれば強くなるほど、他人との隔離は深刻になる。

孤立、孤独、所属感の欠如となる。

心がふれあう友達はいない、所属感のある家族はない、この世の中のどことも心がふれあっていない。神経症的傾向の強い人は、「私は特別」がすべての結論になってしまう。

会社に友達はいない、家族のwe-feeling（我々感情）はない。共同体はない。

実際に「私は特別」なら、特別を強調する必要はない。神経症的傾向の強い人は根拠がないから「私は特別」を強調する。たとえば、穴を掘ってはいる。変わっていることで「私は特別」の根拠とする。「私は特別」、社長より偉い。そう言う必要がある。*21

これが誇大な自己イメージである。自分の位置が分かっていない。メサイア・コンプレックスのような人である。

子どもなら優越する必要はない。子どもなら、大人と違って扱われる。神経症的要求を持つ人は、まだ心理的に幼児であるというだけの話。

自分は進んでいる、世間の皆は遅れている。そういう言い方で自分の価値を防衛する。神経症的要求を持つ人の言うことに周りの人は納得していないから、彼らはますます安全確保には「私は特別」に固執する。

ストレスから引きこもりになるような人は、会社のポストがストレス耐性を超えている。仲間とコミュニケーションできない。社長は「何も分かっていない」、そう言って次の会社に行く。次の会社で同じことを言う。誇大な自己イメージへの固執である。

アメリカで銃乱射事件を起こした高校生は、自分の人生の意味が分からなくて、どう生きてよいか分からなくて、ピストルを乱射する。優越感を持てなくて、カルト集団に入る。

カルト集団は終末思想になる。引きこもりは信者なき教祖である。

まず何よりも神経症的要求に気がつくことである。心理的年齢と、肉体的年齢と、社会的年齢のバランスを心がける。それ以外にはない。

第3章

自分ができることだけをすればいい

ストレスとコントロール能力の関係

「思い通りにならない」とストレスを感じやすい

ハーバード医学部のベンソンが編集した「Wellness」という本にストレスに耐えやすい人の特徴として四つのCつまり、Control（コントロール）、Challenge（チャレンジ）、Commitment（コミットメント）、Connectedness（コネクテッドネス）を挙げた。

うつ病になるような人にはこの「四つのC」がない。これから考えればどう考えてもうつ病になるような人はストレスに弱い。うつ病者の感情的特徴である「もう何をしても無駄」という絶望感はまさにコントロール（Control）を失うことから生じる感覚である。

セリグマンは「helpless（無力）」の定義としてコントロールを失う感じ方であると述べている。

コントロールできないということは問題解決能力がないということである。

子どもが、隣の家のガラスを壊してしまった。謝りに行くということが「対処する」ということである。

しかし隣の家との関係が悪い。そういう時に、親は謝りに行くのがきつい。なかなか謝りに行けない。子どもが起こしたことが自分の対処能力を超えている。

子どもをコントロールすることができなくなっている。子どもが言うことを聞かない。自分の思うように子どもは動いてくれない。子どもはすべて自分の期待した通り、予想した通りに動いてくれない。

子どもは自分のコントロール能力を超えた存在である。そこで親はパニックになる。

そうなれば子どもを責める以外には道はない。ストレス・ホルモンが自分の能力を超えて出てくるのであろう。

コントロール能力があるということは、子どもをコントロールする能力があるし、子どもが起こした事柄に対処する能力があるということである。

もちろん、これは子どもとの関係ばかりについて言えることではない。仕事でも、犬を飼うのでも同じことである。

コントロールできている時には、ストレスは少ない。コントロールできないというのは「私の手に負えない」ということである。

「そうせずにはいられない」心理

子どもに対して「なんで、できないの？」と言う。親が「なんで？」を連発する時には、もはや起きた事柄に対処する能力がないということである。

子どもが望むように育たなくて、いつもイライラしている。それが子どもに対するコントロールを失っているということである。

子どもが起こしたことが自分の対処能力を超えている。起きたことに対処できなくて、心理的にパニックになって相手を責めている。それが「なんで誰々さんのようになれないのよ」症候群である。

自分の望みが達成されないとパニックになる。それは望みを達成することが、心の不安を解消するためだからである。

そうしないではいられないという強迫観念（Compulsive need）のある人は、ストレスに弱い。

自分の内から出た本来の望みは、達成されなくてもパニックにはならない。

自分が受け入れてもらうために、外からの期待に応えようとする。そして現実が望むようにならないとストレスでパニックになる。

コントロールを失うと人を責めるばかりではない。いろいろなところに表れる。

「この人といつまでも一緒にいたら、自分はダメになる」と思う。そう分かってもその人を切れない。それがコントロールを失うという感覚である。つまり人間関係依存症である。

依存症もまたコントロールを失った典型である。仕事がイヤ、家庭もイヤ、酒でも飲んでなければやっていられない。そしてアルコール依存症になる。

燃え尽き症候群の人も、コントロールを失った典型である。燃え尽きる人は「認められたい」という欲求が強すぎて自分の能力を超えて生活を広げてしまう。

毎日がストレスである。人からはいい生活をして羨ましがられているかもしれないが、本人はストレスに満ちた生活である。

自分の生活を自分がコントロールできる範囲以上には広げない。これが心理的に自立している人の生活である。持っているものを管理できる。それが成長動機で動いている人の生活である。それが適切な目的を持っている人で、幸せな人である。

自己実現している人はストレス耐性度が高い。

自分に都合の悪い現実を認めて、受け入れることができる。ありのままの現実は、自分の都合の悪いことが多い。しかし自己実現している人は、自然を受け入れるようにありのままの人間を受け入れるとマズローは言う。

ありのままの現実に怒りを感じれば、ありのままの現実はストレスになる。

犬でも同じ。犬とは「こういうものだ」と思えば、犬を飼うことはストレスにならない。

なぜ「犬とはこういうものだ」と思えるか。それは犬が好きだからである。

他人が得して自分は損していることに耐えられない

不公平感は、自分は損をしているという感じ方につながる。皆はもっといいことをしているのではないか？　私だけが損をしていると思う。だから他人が儲かったという話に動揺する。「バスに乗り遅れるな！」となる。

人生に魔法の杖があるように感じているから何かうまい話がありそうだとなると、それに押し寄せる。国のレベルでも同じ。輸出も同じ。これが儲かるとなると「どっ」とそれに押し寄せる。バーゲンセールに押し寄せる主婦も同じ。他人が得して自分が得しないということが耐えられない。

私の知人でバブル経済全盛の時にゴルフの会員権とマンションを買った人がいる。いずれも確実に値上がりすると言われたのである。そこで銀行から借金をして買った。ところが残念ながらその会員権は上がるどころかひどい値下がりである。マンションの方も上がるどころか暴落である。

銀行からの借金は彼の返済能力を超えていた。親からもらった家を担保にして借金した。

そこで彼は心理的に混乱した。夜も眠れなくなった。たまたま寝られてもすぐに目が覚める。目が覚めると、すぐに「こんな大損をして、どうしよう」と悩みだす。

そして「間違いなく暴騰する」と言って暴落するゴルフの会員権とマンションを売ったセールス担当への憎しみに囚われてしまう。その憎しみと怒りで寝るどころではなくなる。朝起きてもボーッとしている。会社にも行けなくなった。そして憎悪に囚われて何も手が付かない。そしてついにそのセールス担当に対して傷害事件を起こしてしまった。

あの時期にたくさんの人がこれと同じ体験をしている。しかしそのような傷害事件を起こしている人は少ない。どこにその違いがあるのだろうか。

いくつも原因が考えられるが、その一つはストレスに対する耐久能力の違いである。自分の返済能力を超えて借金をして、それがまたこのような危険な状態になった。まさに誰にとっても大変なストレス状態である。

しかしここで心理的にパニックに陥り一生を棒に振るような事件を起こしてしまうような人もいれば、冷静に対処した人もいる。返済能力も損害額もほとんど同じでも、対処の仕方と心理的パニックの程度の違いは天と地の開きがある。どこでその開きが出るのであろうか。

二つの点から考えたい。この状態に対する対処方法の自信の違いである。もう一つは異常事態と感じた時の脳内ホルモンの違いである。
同じ状態でも人が感じるストレスは違う。ある人はそのストレスに耐えられなくなり、爆発する。別の人はそのストレスに耐えられる。というより感じるストレスが少ない。

第二次世界対戦中のストレスの研究で次のようなことが分かっている。これは「Personality」*22という本によっている。第二次世界対戦中にアメリカの飛行士が戦闘中にどのようにストレスを感じたかということである。空での戦闘中であるからものすごいストレスである。いつ命が奪われるか分からない。

ドイツ軍との戦いである。敵の戦闘能力は二つである。一つは同じ飛行機である。もう一つは地上からの対空射撃である。この二つに対してアメリカの飛行士がどちらにより恐怖を感じたか？

それは地上からの対空射撃である。ドイツ軍の戦闘機も優秀である。それはアメリカの飛行士皆が承知している。それにもかかわらず彼らにとって不安と恐怖の源泉はドイツ軍の戦闘機の方ではない。

なぜであろうか？　それはドイツ軍の戦闘機とは戦える。敵機は戦う対象である。戦える。戦って落とせる。しかし地上から攻撃してくるものとは対等に戦えない。そこが問題なのである。

どんなに怖くてもそれに対処できる能力があれば、そうでない状況よりもストレスは少なくない。つまりストレスはコントロール能力と関係があるというのである。そのほかにもいろいろな実験からそれが証明される。

「自信」がストレスを少なくする

前にも紹介したように、セリグマンの著書「Helplessness」の中に次のようないろいろな実験が出ている。

一つは都会のストレスにどれだけ耐えられるかを騒音で実験する。騒音が耐えられなくなったらボタンを押せば騒音を停止できるグループの方が、そうでないグループよりも騒音を不快でなく感じるし、その間仕事をよくできる。*23

もう一つセリグマンの著書に載っている症例である。心臓発作で死ぬことを恐れている六十五才の男性。この不安故に汗をかき、彼の心臓の鼓動は速くなり、血圧も上がる。そして彼はパニックに陥る。

そこで彼は神経科の医者を訪ねる。そして医者から非常に強力だという薬をもらう。不安の発作が起きてもこの薬を飲めば不安は直ちに取り除かれると告げられる。そして彼はその薬を胸のポケットに入れておく。結果はどうであったか。彼は一度も薬を飲まなかった。そして発作も起きなかった。

さらに次のような実験もある。残酷な写真を被験者の学生に見せる、それがどの程度恐怖と不安を与えるかを皮膚の痙攣的な反応（ＧＳＲ）で見る。するとボタンを押せばその写真を見ることをやめられる学生が皮膚の痙攣反応が最も少なかった。つまり恐怖や不安が最も少ないということである。*24

同じような実験を被験者に電気刺激を与えるという方法でしてみる。それでもやはり電気刺激を自分がコントロールできると感じている被験者がＧＳＲが少ない。つまり不安と恐怖が少ない。

どんなに困難な状況でもそれに自分が対処できるという自信があれば、その自信のない人よりも感じるストレスは少ない。

ロチェスター大学医学部の神経生理学・解剖学のデヴィッド・フェルトン教授は末期ガンで自分でモルヒネ注射を打つことを許されている患者と、看護婦や医師に注射してもらう患者を比べると、一般に、自分で打つ場合には、モルヒネの量が少ないにもかかわらず、痛みをよりよくコントロールできるようになると言っている。*25

先のゴルフの会員権とマンションの暴落で危機的状況に追い込まれた彼も同じである。自分がこの状況を乗り切れるという自信があれば、憎しみに駆られて傷害事件など起こさなかったであろう。彼の場合には親からもらった遺産がある。どんなに悪く行っても親から遺産をもらわない人と同じ立場に立つところまでである。

しかし彼はこの危機的状態に直面して心理的にパニックに陥ってしまった。ストレスが彼の耐久能力を超えたのである。同じ状態から自信のない人が感じるストレスは、自信のある人よりもはるかにすごい。

もし彼に親しく有能な弁護士でもいたら彼の感じるストレスは同じ状態ではるかに少なかったかもしれない。いや全く同じ人から同じように被害を受けていても彼の感じるストレスは違った。同じ額の被害に対して彼の感じるストレスは違った。

消費者保護のどのような法律があるのかないのか私は知らないが、彼の場合は騙されているのである。建築基準法上何か違法なマンションを買わされていたようである。少なくとも彼は偽りを述べて買わされたことに対して合法的に戦えたら、彼は同じ被害でも心理的なパニックに陥り憎しみに駆られて傷害事件を起こすことはなかったであろう。

彼は自分を騙した人間と戦う方法がなかった。そのことがこの事件を耐えがたいストレスに満ちた体験にしてしまったのである。

彼は自分を騙した人間を憎んだ。しかしその対処の方法がなかった。そこでその憎しみはいよいよ燃え上がってしまったのである。そしてその憎しみをコントロールすることができなくなった。

彼は相手を知らない。敵の弱点を知っていれば、そこをつける。しかし彼は自分も相手も知らない。

実はこのように大きな事件でなくても同じである。何かで心理的にパニックに陥り相手を殴ってしまうということも同じである。

相手の失礼極まりない高慢な態度に対して心理的パニックに陥る人もいる。しかし相手の態度がどんなに失礼であり、人を人とも思わないものであっても、もし何らかの社会的常識に則って相手に罰を与えられるなら、暴力を振るうというところまで行かないものである。

自分がこの状況をコントロールできる、この自信がその状態から感じるストレスを少なくする。

相手の態度がどの程度耐えがたいかは相手の態度そのものによるばかりではなく、こちらの対処に対する自信にもよる。

ストレスの強さは執着の強さ

さらにこの事件で言えば、彼のお金に対する執着が彼のストレスをものすごいものにしている。彼の場合にはお金に対する執着が強すぎたのである。ストレスの強さは執着の強さである。

考え方によっては、「いい勉強をした」とも考えられる。安易にお金が儲かるなどと期待したことが間違いなのである。額に汗して働こうという姿勢を失っていることが問題なのである。そのことを学んだと思えばいい。

「この程度の借金ですんだ、二度とあのような甘い話をするセールス担当とはつきあうまい」と彼が思えれば、この体験は彼のこれからの人生に活きてきた。

もしこれで大儲けでもしていたら、次にはもっと欲を出して、一生をダメにする借金を抱えたかもしれないのである。「神様が早めに教えてくれた」と思えば、この失敗は彼の財産である。

彼がここまで心理的に打撃を受けたのは彼がエネルギーがなくて、欲張りだからである。世の中には何かあったときに「あーよかった、命だけあれば」と開き直る人もいる。「命だけあればいいさ」と思えるのはエネルギーがあるからだろう。しかし執着性格者のような人は欲張りだから、なかなか「命だけあればいいさ」と思えない。

彼はこの先に夢がないから憎しみに囚われる。あるいはエネルギーがないから憎しみに囚われる。

人は今の状況で自分を判断する。そして今の状況に反応する。

もし先にお金が儲かることが分かっていれば、彼はセールス担当への憎しみに囚われない。あるいはそのセールス担当がやがてその会社から解雇になると思えば、憎しみで傷害事件を起こさない。人が憎しみに囚われるのは夢を失い、非生産的に生きているからである。

そして憎しみに囚われると質のいい人が周囲から去っていく。

憎しみに囚われた時の自分の顔を見る。「あー、これなら皆に嫌われる」と思うような顔をしていないだろうか。

過去の恐怖体験が「ストレスに弱い脳」をつくる

ただこのように一度の失敗で人生を棒に振る人は過去につらいことがありすぎたのかもしれない。だから失敗に強くなるためには、まず自分のつらい過去を心の中で反芻《はんすう》してみることである。過去を消化して、自分の心の栄養として摂取しなければならない。

小さい頃からさまざまな恐怖の体験をしてきているに違いない。このような恐怖の学習は扁桃核＝amygdalaを中心とする大脳辺縁系＝limbic systemの神経回路の変化をもたらすという。

二匹のラットをケージに入れて電気ショックを与える。一匹のラットはレバーを押すとその電気ショックを止められる。そのレバーを押すと両方のケージの電気ショックが止められるようになっている。

つまりラットは同じ量の電気ショックを受けている。しかし自分で電気レバーを押して電気ショックを止めることのできるラットは脳内変化が起きなかった。しかし自分がレバーを押して電気ショックを止められないラットの方は脳の変化が起きていた。[*26]

つまりコントロールできるラットの方はストレスが少ないということである。

最大に変化する場所はlocus ceruleus（青斑核[*27]）。

カテコールアミンは体内に異常事態への対応を促すと、同時に記憶を脳に焼き付ける働きをする。[*28]

ベトナム復員兵はカテコールアミンの分泌を抑える受容体が四〇％も少ない。[*29]

どのような状態になると、自分の人生が危険にさらされていると感じるかは人によって違うだろう。年齢によっても違うだろう。子どもは疑い深い親に叱責された時には「危険にさらされている」と感じる。そして逃れる方法はないと思う。その家から逃げれば生きていかれないのだから。こうして不機嫌な親や、イライラしている親から育てられた子どもは、ストレスから脳の中で変化が起きてしまうのだろう。

変化とは常に不安な緊張をしている状態になるということである。大人になってからも安らぎはない。つまり安心して成長できた人よりもストレスを感じやすくなっているということである。

ちょっとしたことでストレスを感じて眠れなくなってしまうような人は自分を卑下することはない。そのような人間環境の中で成長したのである。卑下するどころか誇りを持っていい。いつもビクビクしながらも今日まで頑張って生きてこられたのである。今日までストレスと戦いながら、つらい日々に耐えて生きてきたのである。

ベトナムに戦いに行ったアメリカ兵と平和な土地で生活をしていた人を同じに考えてはいけない。ビクビクしているあなたは戦場から帰ってきたのである。しかし体は戦場から帰ってきたけれども、心はまだ戦場にいる。だからビクビクした時に「今、自分は戦場にはいない」と何度も言い聞かせるのである。

すぐに心理的にパニックになってしまう人がいる。決して異常事態ではないのに異常事態と感じてしまう。そのように反応してしまう。大切なのは自分の今の反応は正しくないと意識することである。自分の今の恐れは客観的なものではないと意識することである。「そんなことをしたら大変なことになる」と恐れに襲われる時には、「自分は今の事態を恐れているのではない。小さい頃のストレス状態を再体験しているのだ」と意識することである。問題は本当の危険に際してこのように自分を管理してしまうことである。

もう一つの変化は、大脳辺縁系＝limbic systemと下垂体＝Pituitary glandをつなぐ神経回路に表れる。下垂体はＣＲＦというストレス・ホルモンを出すところである。[*30]ＣＲＦが分泌されすぎると反応が過激になる。ＣＲＦが多い人は一回目のサイレンにも四回目のサイレンにも同じように反応する。

何事も克服しようとするからストレスになる

神経の警報ベル設定値が異常に低くなっている。[*31]

「失敗したって何でもないよ」と言う人は「記憶に凍結された恐怖＝Horror frozen in

memory」のない人である。

考えてみれば大変なことをしてきたのである。長年にわたってものすごいストレスに耐えてきた。そして自分の脳はかなり変化している。

にもかかわらず、今生きている。それは奇跡に近い。その自分のストレスに対する耐性度のすごさに自信を持ってよい。

もし自分がストレスに満ちた人間環境の中で生きてきたということを本当に感じていれば「私は本物だ」という自信ができる。そのような確固として、揺るがぬ自信ができないとすれば、「私はストレスに満ちた人間環境で生きてきた」というのは言い訳にすぎない。

脳についてこのように理解し、そして「あー、あのストレスはすごかったなー」と心底思えるなら、必ず「私は本物だ」という自信ができる。もし本当に心の底から「あの時代は異常なストレスだった」と思えるなら、揺るぎのない自信が、その報酬である。

自分の過去を「よく頑張ったなー」と感じられるなら、今までに味わったことのない落ち着いた自信が湧いてくる。

できることだけをすればよい。急いでする必要はない。完全にしようとするからつらくなる。ストレスになる。

何事も克服しようとするから逆境はストレスになる。自分のできることをすればよいと思えばストレスにはならない。

人に、自分を非利己主義と印象づけなければならない。そこで非利己主義になる。[*32]

要するに周囲の人に自分を「こう印象づけたい」と思うからストレスになる。依存的欲求がなければ、その事態はストレスにはならない。

ストレスの原因を外側に求めているとストレス耐性は強化されない。すごいストレスを感じる原因は、自分の依存的欲求である。

すぐキレる人の心理的特徴

今の大人はコミュニケーション能力がない。今の大人は無力感を持っている。ナルシズム、自己蔑視、そこで皆我慢しているから、その怒りで、生産的なことに注意が向けられない。

1 今の時代、三十代では、自分の人生をコントロールできるという感覚を持てない人は多い。立場上、心理的にそこまで行っていない。

②青年期の課題を解決しないままに青年期を終えて三十代になる。青年期の課題を解決しなくても二十代は生きられる。でも、三十代は生きられない。

三十代は青年ではない。しかしアイデンティティーをまだ確立していない人も多い。

三十代の責任を果たせない。アイデンティティーをまだ確立していなくても二十代は生きられる。しかし三十代の役割を果たせない。

まず二十代のツケを払ってからである。二十代で二十代のするべきことをしてこなかった。仲間とのコミュニケーションがなかった。親からの生活の自立がなかった。そこで、それまでに抑圧したものが出てくる。

三十代になると、親の関わりがなくなる。二十代は、就職だのなんだので、親とまだ関わっている人も多い。

三十代の彼らからすれば「これ以上オレに何をしろということか」という怒りである。そこで「キレる」。

ある若者が「パン粉の付け方が悪い」と上司から注意された。そしてキレた。

その若者は、青少年期の課題を解決しないままで社会に出なければならない例だった。

そういう心理状態の中で、職場で「パン粉の付け方が悪い」と注意をされてキレたのである。

すぐにキレる人は、心理的年齢と、肉体的年齢と、社会的年齢との間に大きなギャップがある。その人の社会的年齢にふさわしい責任を果たす心理的な能力がまだ備わっていないということである。

すぐにキレるというが、常にキレかかっているのである。毎日キレる寸前のところで生活している。ごく普通の日常生活がその人にとっては負担が重すぎる。

心理的に三歳の幼児が他人と協調して働くことができるだろうか？　簡単なアルバイトだってできないだろう。ストレスに耐えられないだろう。

そのイライラの感情を表現できなければ落ち込んで死にたくなる。

心理的には、このように無条件に賞賛を求めている時に、「パン粉の付け方が悪い」と注意される。この注意がどれほどきついことかは、その少年がどこまで「保護と安全安心」を求める近親相姦願望やナルシシズムから解放されているかにかかっている。

この少年をはじめ、すぐにキレる人々はフロムの言う衰退の症候群にかかっているのである。衰退の症候群とはナルシシズムと近親相姦願望とネクロフィラスの三つの要素から成り立っている。このすぐにキレる人々は、無責任で生きられた幼児の昔に戻りたいのである。

自由とか独立はあまりにもつらい。自立と家出とは違う。家出はできるけれども心理的な自立は簡単にはできない。

よく「キレる」という言葉が使われる。「キレる十代」などが話題になる。そして「なぜ彼らはそう簡単にキレるのか？」と大人達は疑問に思う。

おそらく「キレる若者」は、「不安な若者」なのである。そしていつも自分は攻撃にさらされているようなおびえを持っている。拒否されることを恐れている。

だから普段はおとなしい。他人に迎合する態度にさえ出る。おとなしくしていることで、周囲の人の拒否から自分を守ろうとしている。

迎合と敵意ある攻撃は、表面に表れる行動としては正反対である。しかしその動機を考えれば、これは同じことである。つまり共通するのは不安。さらに心の底にある感情も同じである。それは敵意である。

③普段はおとなしい人が突然怒りだす。同僚に強い嫌悪感を持っている。周囲の世界を脅威に感じている。安心感を持って生きていない。

だからストレスに耐えられなくてキレる。

やはりその場にふさわしくない感情をあらわにする人は、それまで何かを長いこと必死で我慢してきたのである。それが意識的に我慢している場合もあるし、無意識の場合もある。

人は抑圧装置を維持するために、その装置が脅かされた時には、凶暴性を発揮する。

たとえば小さい子どもで考えてみる。子どもが字を記憶しようとする時には、キレイに書けない。字を覚えようとして頑張っている時に「キレイに書け」と言われたら、子どもはキレる。

子どもでもキレイに書いた方がいいことは十分に分かっている。しかし今、子どもは字を覚えるので精一杯なのである。

キレる子といじめられる子は、同じように抑圧がある。キレる子は突然怒りだす。抑圧があるから。抑圧的性格で、その場にふさわしくない感情を表す。

今まで耐えていた一本の糸が怒りで切れた。その言葉にキレたのではなく、キレた怒りの矛先は、自分を取り巻く世界に向けている。

今の時代、皆がナルシシストになった。急増している幼児虐待も、心理的に幼稚な母親が子どもにキレている。親子のコミュニケーションとれていない。正気の世界ではない。

親が「うちの子を叱ってください」と言う。「私は、自分の子どもの面倒を見られません」という意味である。私一人では手に負えませんという意味である。自分一人で子どもが手に負えなくなった。

子どもを怒らないからといって子どもが満足しているわけではない。怒鳴られて初めて教わっているという感覚が分かりました、と言う子どももいる。親が真剣に向き合ってくれていたと分かった。

こういう環境の中で育った子どもがキレる。

会社で書類を一生懸命作成した。持っていったら「これではダメ」と課長が言った。部下はキレる。期日が問題なのに。

キレる代わりに、コミュニケーションを

コミュニケーションできない親と子が増えた。

いろいろな人との関わりが分からないから、キレる。

コミュニケーションできない人は即席を求める。消費社会は、ことごとく即席である。

コミュニケーション能力がなくても二十代は生きていかれる。同質の人が集まってグループを作る。嫌な人が上司に来る、そこでキレる。

コミュニケーションできないままに社会に出た。本人としては一生懸命しているつもり。そこでキレる。早期退職する。

「この人は何を言おうとしているのかな?」と考えない。

即席を求めだしたのは、愛されて成長していないからである。

注意されると、責められていると思ってしまう。被責妄想である。今のキレる若者は、おびえている。

話題を変えてくれる人は自分に関心を持ってくれていると思う若者もいる。

お互いに一生懸命しているのだけれども、コミュニケーションできない。キレる側とキレられる側、両方とも一生懸命。キレる側とキレた側、コミュニケーションできていない。

キレられた側が、「なんでキレたのか?」という理解をしようとしなければならない。

コミュニケーションができていないことの積み重ねで、問題は起きる。子どもが「なんで言うことを聞かないか?」を理解していないから、親はキレて子どもを虐待する。

環境が違った人と接して、キレないで、コミュニケーションできることが成長である。

そして大人となる。お互いに理解する同じグループは成長がないことが多い。

山羊がライオンと共生できたら成長。山羊がライオンと共生すれば不安はない。同じグループでは発展はない。

ケータイ小説ばかり読んでいたのでは成長はない。発展性がない。夏目漱石を理解した時に、発展がある。

ケータイ小説ばかり読んでいたのでは、生きていることの喜びはない。知恵が生まれることはない。

ケータイ小説ばかり読んでいる人は、安らぎと安全を間違えている。アクシデントを乗り越えた時でなければ安全はない。

「これさえあれば幸せ」という生き方は必ずつまずきがある。「これが好き」というのは幸せに通じる。

「こうしたら幸せになる」と思って努力して、なれなかった時に薬に手を出す。キレる。

「キレる」にもタイプがある。麻薬のタイプ。非行少年もある時にキレた。自分の不幸を忘れるために、麻薬に手を出す。

駅員への暴力増加…「ストレス社会」日本を読み解く

キレる人が一般化した背景を考える。力ずくで成果主義を取り入れれば、日本社会では傷つく人が大量に出てくる。

神経症的競争とは何かということは後で説明をするが、神経症的競争意識の核は恐れである。成功すると妬まれる。失敗すると蔑まれる。

その恐れから自分達を防衛するために考えられたのが、年功序列と終身雇用という「競争からの撤退」である。

「人間が正気であるためには人とつながっていなければならない」とフロムは言うが、まさにその通りである。情緒的に離婚をした妻が、夫をはじめ誰にも相手にされないで、一人でいると、正気であることがなかなか難しくなる。

難しくさせるのが、フロムは「孤立と追放」と言う。人間が正気であるためには人と関わり合いを持たなければならないと言う。

子どもばかりではない。人々はイライラしている。

駅や電車内での暴力事件数は一九九九年に約五〇〇件くらいだったものが、二〇〇一年には約一〇〇〇件になっている。飛躍的に増加している。イライラした敵意が渦巻いているということであろう。

日本民営鉄道協会が二〇〇二年に実施したアンケート調査では「駅や社内での暴力・痴漢・破壊行為」を「いつも不安」と感じている人は、一六・三%、「ときどき不安」は六六・九%。[*33]

子どもの教育の失敗が社会に表れてきた。家庭教育の失敗が社会に表れてきた。

小学校の授業参観日に母親が騒いでいるという。同じことが社会全体として表れてきた。この母親達が「高齢になったら、どう生きるか?」と考えたら、惨憺《さんたん》たる高齢期が待っている。「高齢になったら、どう生きるか?」などと考える状況ではない。

寛容なパーソナリティーの人の方が、フラストレーション・トレランス(フラストレーション耐性)は比較的高いようである。[*34]「高齢になったら、どう生きるか?」などと考えるよりも、「なぜ自分は寛容になれないのか?」を考えることである。

自分はどういう家庭で育っているか。

寛容な児童は、許容的な雰囲気の家庭に多いようである。「彼らは歓迎され、認められ、愛され、何をしてもいいのだと感じる。ひどい罰とか気まぐれな罰がなく、いつなんどき頭上に親たちの雷が落ちるかもしれないぞとばかり衝動を警戒しなくてすむ。[*35]」

だとすれば、自分の成長した環境をしっかりと振り返ることである。

自分の中に安定感があるから、葛藤を外在化（＝投射）する傾向が少ない。寛容な社会的態度をつくる基礎工事は「大半が家庭のしつけ、両親の賞罰の用い方、家庭生活の微妙な雰囲気からうみだされる。」[*36]

我慢＝心の圧力。限界点を超えると爆発する

はじめに書いたようにストレス耐性度は、我慢をしているうちに落ちてくる。心身の衰弱は一気に来るものではない。打ち続くストレスで心身は次第次第に衰弱してくる。ストレス耐性度は好循環するし、悪循環もする。どちらに転がるかは大きな問題である。その人が何か嬉しいことがあった時には、ストレス耐性度は高い。嬉しいニュースが入ってきて会社に行った時には、会社にいる時のストレス耐性度は高い。

会社でイヤなことがあって家に帰ってきた時にはストレス耐性度は落ちている。つまり我慢、我慢の毎日を送っていれば、誰でもストレス耐性度は低くなる。

毎日イヤなことが重なって、ただ我慢する以外にない時には、怒りは次第に心の底に積もっていく。その時その時の怒りは小さくても、その怒りが蓄積されて合計されて、ものすごい感情になっていく。

我慢をしていれば我慢をしているほどストレス耐性度は落ちてくる。無差別殺人の原因になるような憎しみになった時には、ストレス耐性度は極端に落ちている。長年にわたって表現されない怒りが心の底に根雪のように積もっている。もうほんのささいなことにも耐えられなくなっている。

そしてそれを一つ一つ皆我慢をしてきた。あそこで痛めつけられたことも、ここで痛めつけられたことも我慢をしてきた。

しかし一つ一つのことはそれほど大きくはない。そこで最後の小さいことで爆発した時に、人は理解に苦しむ。「なんで、あれだけのことで、そこまで怒るのか、なぜそこまでするのか？」と不思議に感じる。

コミュニケーション能力がなくて自分の不満をうまく表現できない人は、日々どんどんと不満を募らせていく。

コミュニケーションできない抑制型の人は、我慢をする以外に怒りに対処する方法が分からない。だから来る日も来る日も我慢、我慢になる。ただただ我慢をする日が続く。

そうなると、どうなるか？

極端にストレス耐性度が落ちてくる。すると普通の人にはささいなストレスでも、その人にはものすごいストレスになる。

普通の人ならそれほどの我慢を必要としないことでも、その人には耐えがたいことになる。何でもないささいなことが、ものすごい忍耐力を必要とすることになる。次第次第にささいなことが「許せない！」ほどの大きな問題になってくる。

相手のささいな言動にものすごく不満になる。ちょっとしたことにひどく腹が立つ。それは、その人に心のゆとりがないからである。

コミュニケーション能力のない抑制型の人は怒りに蓋をしてしまう。心の中の圧力は高まる。

非抑制型の人の場合には、どちらかというと、消耗する前に限界点を超えて爆発をする。「許せない！」人とはケンカをする。罵声を浴びせる。

抑制型の人であれ、非抑制型の人の人であれ、敵意を超えて、憎しみが無差別になった時には、ストレス耐性度も極端に低くなっている。

その人だって日常生活で満足をしていれば、ストレス耐性度が普通にある。すれ違っただけで、見知らぬ人に「カーッ」となって怒ることはない。それ以前にすでに我慢の限界を超えていたのである。

来る日も来る日も悔しいことばかり。何事も思うようにいかなくて、来る日も来る日もただじっと我慢することばかり。来る日も来る日も腹が煮えくりかえることばかり。

そんな中で次第にストレス耐性度が落ちてくる。極端にストレス耐性度が低い人は、慢性的ストレスに苦しんでいる人である。

一つ一つ悔しいことを毎日関係者に説明をして処理すればいいものを処理しないで過ごす。望ましい社会生活を送るためのコミュニケーション能力が欠如している。

そして怒りが積もりに積もった時には、誰だって興奮して、言葉が出ない。

「どうすることもできない」無力感が憎しみを生む

今の大人は、無力感を持っている人が多い。

隠された「無力感と憎しみ」は表現されないが、体には出る。顔の緊張、肉体的な不具合。そしてこの「追い込まれた」という感覚が、憎しみの反応を引き出す。[*37]

無力感と憎しみが深く関係するのである。

「この状態をどうすることもできない」と感じた時に憎しみの感情はものすごくなる。

そこが敵意と憎しみの違いである。敵意は無力感とは関係ない。

いじめられた子どもが自殺をする。その時に持つのが憎しみである。これはもはや敵意ではない。また怒りでもない。

怒りは選択的である。親は子どもがあることをした時に子どもに怒る。しかしそれでも子どもを愛している。それとここで言う憎しみは違う[*38]。

ある男性の高齢者が「女をみんな殺したい」と書いて死んでいった。それは自分の妻と娘にやりたい放題やられたので、こう書いて死んでいったのであるが、この段階はもはや怒りや敵意ではない。この父親は娘のやることに怒っているのではない。歳をとって力の衰えた自分に対して、妻や娘がしたことを恨んでいるのである。

もう自分は高齢で社会的に何かをする力はない。財産をはじめ何をどうされても、それに対して対抗することはできない。妻や娘のやりたい放題を、老化した自分はどうすることもできない。何もすることができない衰えた自分が、苦しい立場に追い込まれた。この苦しい状態に追い込まれたという意識が憎しみの感情を生みだす。

憎しみの感情は原始的な神経システムを含む[*39]。つまり「これはいいけどこれはダメ」というような理性的な区別ができない。憎しみの感情の特徴は「坊主憎けりゃ袈裟《けさ》まで憎い」のである。「罪を憎んで人を憎まず」ということは人間の自然の感情としてはありえない。そこが「憎しみは地獄」といわれるゆえんである。

つまりある人を憎むと、その人と関連することがすべて憎らしい。そうなると日常生活が憎しみの感情に支配される。つまり地獄である。

自分を騙した人だけが憎らしいのではない。自分を騙した人だけが許せないのではない。それ以外の人も憎らしいのである。だから日常生活は心休まることがない。日々イライラ、イライラしている。

つまり苦況に追い込まれて、自分の妻と娘を憎んだら、やがてすべての女性が許せなくなる。そこで「あの人を殺したい」から「女をみんな殺したい」になってしまう。

無差別殺人というのが憎しみをよく表している。自分が憎んでいるのは「この人だ」というような表現のされ方ではない。辺り構わず人を街中で殺す。都会の繁華街では、こういう事件が起きる。

ギャングがお互いに無差別に殺し合うことに憎しみが表現されているという。[*40]

少年達がホームレスを殴り殺したという報道がされる。その時までに自分とは何の関係もない人を殺すようになっている。

酒を飲んだ二人の少年が、段ボールハウスの中で寝ていた六四歳のホームレスを殴り殺したという記事が新聞に出ていたことがある。その男性の頭や胸などを足で蹴るなど暴行を加えて、頭蓋骨骨折などで殺したという。そして近くで血のついたコンクリート片が見つかったので、コンクリート片でホームレスを殴った可能性があると記事には書いてある。[*41]

コンクリート片で自分とは全く関係のない人を殴り殺すというのは、恐ろしいまでの憎しみである。

無差別に人を攻撃したくなる心理

不本意な体験が重なり、人生がいつまでも自分の思い通りにいかないと、対象無差別の憎しみになり、最後は無差別殺人という最悪の結果になってしまう。

かつて「毒カレー事件」というのがあった。その女性は無差別に人を殺そうとした。平成一〇年七月二五日、和歌山県和歌山市の住宅街で開催された自治会主催の「夏祭り」で起きた事件である。住民がつくったカレーを食べた六七人が嘔吐や気分が悪いと言って次々と倒れた。人間の憎しみの感情の恐ろしさである。人間はここまで暴走する。

憎しみが最悪の段階に来れば、対象無差別になる。憎しみが対象無差別になった人は、怒りという空気を吸って生きている。何もかもがしゃくに障る。だから街で刃物を振り回す人が出てくるのである。

池袋や渋谷の街で刃物を振り回して通行人達を誰でもかまわず傷つけようとした人がいた。日本でもアメリカでもこのような無差別殺傷事件は起きる。

学校でピストルを乱射する高校生もアメリカにいた。日本にも小学校で無差別に小学生を殺そうとした人がいた。たとえばバージニア工科大学銃乱射事件というのがあった。二〇〇七年四月一六日月曜日に発生した銃乱射事件である。三三名（教員五名、容疑者一名を含む学生二八人）が死亡した。

このような社会的事件を起こさないまでも無差別に憎しみの感情を持って、現実に人を攻撃したり、陰でいじわるをしたりしている人は多い。

「人の不幸が面白い」というのも隠された憎しみの感情の症状であろう。これこれの人という焦点の定まった人がいて、その人の不幸が面白いというわけではない。とにかく人の不幸が面白い。だから有名人や権力や財産を持った人のスキャンダルを書いた週刊誌は売れる。

とにかく人間は生き方を間違うと、自分の感情が敵意から対象無差別の憎しみに発展してしまう。それを促進するのは無力感である。

対象無差別になった時にはすることは恐ろしいが、前向きのエネルギーはない。従って憎しみの感情をコントロールするためには「私はこの事態に無力ではない」と信じることが大切なのである。

低い自己評価と憎しみと絶望感や無力感がお互いに深く関わり合っている。そしてその中心に愛情飢餓感がある。

それは大人になってから「こうしてほしい、ああしてほしい」という甘えの要求は世の中では通らないからである。

何でもないことですぐにカーッとくるのは、心の底に憎しみが溜まっているからである。すぐにカーッとくる心理的不安定は表現されずに隠された積もった憎しみの結果である。


エネルギーのない時には、既に自分には背負えないほどの多くの悩みを背負っている。そのうえに日々新しい悩みが生じる。だから小さな悩みが巨大な悩みに感じるのである。新しい悩みは、はたから見ると小さいかもしれないが、その人にとってはその悩みは決して小さなものではない。今までの悩みのうえに積み重なった悩みである。その小さな悩みで自分は殺されるかもしれないと感じる。それが最後のとどめとなるかもしれない。

若い頃、どこで読んだか忘れたが、下駄の鼻緒の緒が切れて自殺をしたという話を読んだ。鼻緒の緒が切れるなどはどうでもいい。しかしその人はすでにそれさえ耐えられないほど心理的に衰弱していたということである。

生命力が落ちている時には悩みを顕微鏡で見る。

これもまた悪循環していく。

「やってはいけない心の逃げ方」とは

人はキレた後に、キレたことを合理化する。

ストレスに弱い人がさらに弱くなる心理メカニズムである。

合理化は現実をブロックすることでもある。合理化は、本当の原因がその人の無意識にある憎しみが意識に上ることをブロックする。

今のストレスに耐えられなくなると人は合理化＝Rationalizeをする。不安から逃れる第一の方法は合理化である。[*42]

表現されない憎しみが愛情や正義の仮面をつけて登場する。

テロリストは、革命家と称して暴力に訴える。神経症的傾向の強い親はしつけと称して子どもをいじめる。

アメリカでインスタントコーヒーを売り出した時の話である。

はじめは「簡単、便利」をＰＲしていた。しかし途中から戦略を変えた。

コーヒーは豆から挽《ひ》いて淹《い》れるものという常識がある。コーヒーは時間がかかる。それにこだわらないで「空いた時間を家族のために使ってください」という戦略に変えて成功した。

学生が試験の成績が悪い時に「試験問題が悪い」と言う。志望の大学の入学試験に合格する自信がない。そこで「あの大学に行っても意味がない、それは重要ではない」と言う。

しつこい人には「隠された敵意」がある。もちろん本人は自分の中に隠された敵意があるとは気がついていない。従ってまた自分の「しつこさ」にも気がついていない。しつこく相手をいじめているのに「私はこんなにも愛情深い」と意識している。

隠された敵意が「あまりにも不公平」という正義の仮面をかぶって登場する。

つまりたとえば離婚後に頑張って生活を築き上げている人の方を、弁護士がいじめる。恵まれた環境にある人をいじめる。そのいじめる時の合理化が「あまりにも不公平」という「正義」である。

弁護士という正義の仮面をかぶって、社会的にねたましい依頼者をいじめる。

大人が人をしつこくいじめる時には、その人の心の中にものすごい敵意がある。いじめが強迫性を帯びている。

それはまさにいじめ依存症である。いじめまいと思ってもいじめないではいられない。

いじめなければ自分の方がおかしくなってしまう。いじめ依存症の人の無意識にある大量の敵意が、その人を支配している。

いじめ依存症の人が、自分の無意識にある大量の敵意を意識化して解消しない限り、意志の力ではどうにもできない。死ぬまで、正義や愛情の名の下に相手をいじめる。

もちろん「あなたのため」と言ってしつこく絡む人も同じ心理である。

アメリカで集団自殺事件を起こしたカルト集団のヘブンズ・ゲートに最後のメッセンジャーと言われる信者がいた。教祖は本当は父親としての義務責任を果たすのがつらい。そこで、ヘブンズ・ゲートの真理を実行するために家を出たと言った。

これが合理化である。カルト集団はその人の「逃げ」を合理化してくれるところである。

転換ノイローゼと言われるものは、何か症状を見つけて、これがあるから「私はそれができない」と言う。偏頭痛、胃弱、鼻腔炎等があるから「私はそれができない」と言う。

受験勉強が嫌いで「君はなんのために大学に入るんだ、それも分からないで勉強なんかしたって仕方ないじゃないか」と言い張る。こうした迂回ノイローゼの人もいる。本当のことが言えないし、意識もできない。本音が意識されていないし、また意識されていても言えない。「受験勉強イヤだよ」と言えない。

「酒なくて何の人生。酒も飲まず、煙草も吸わず、女も抱かず、百まで生きるバカ」と無理して言って、飲酒を合理化する。

煙草を吸って楽しくして、「二十年寿命を縮める方がいい」と喫煙を合理化する人もいる。吸うための合理化。すでに選択はされている。敗北を認めない。

なぜ煙草を吸うのか？

ある少年は母親固着、口唇欲求期のオリエンテーションを持っている、常に他人から何かを期待し、自己主張ができない、慢性的不安、煙草を吸うことで自己欲求を満足させ、不安から逃避する。煙草は強さと大人であることの象徴である。

この少年は、煙草なしではすまされない。煙草を渇望するのは、彼の不安、彼の受容性等の結果である。

美味しいから吸うのではない。すると逆に自己の真の関心に従って生きている少年は煙草を吸いたいと思わない。選択はない。

ある人は自己の真の利益になるものに従って行動する性格構造を有しない。別の人は自分の不利益になる行動を望まない。選択はない。この両者の行動はすでに決定されている。

その悩みは、自分の中の「不安」の合理化だった

不安がどのように恐怖に関係するかは、ガン恐怖現象の中に例証される。ガン恐怖は特定の現実的な恐怖として表れる。そこにある神経症的不安が客観化されて出現したものであることが分かる。*43

「娘夫婦の将来について心配だ」と言う相談者がいる。娘夫婦はセックスレスだという。実は仲がよい。この相談者が性的欲求不満なだけ。親が子どもを心配するのはよいことというように合理化する。ジョージ・ウエインバーグの言葉では正当化する。

子ども同士が子どもの喧嘩をする。すると子ども同士が仲がいいのに、弾丸のように相手の家に飛んでいくお母さんがいる。

すべて合理化。不安の客観化である。外側に不安の種を探す。

見つからないときにはつくりだす。

ある人が子どもの不登校で相談があるという。聞いてみると今朝も学校に行っている。

テレフォン人生相談で親子の問題その他で相談してくる人の中に、実は子どもはうまく

いっているという人が多い。「今日の相談は、子どものことではなく、あなた自身のことですね」と言うと、「はい」と気づく人もいる。

自分の不安の合理化に気がつかないで、周囲の人との人間関係を壊してしまう人がいる。

実はご主人が嫌いだけれども、依存しているという矛盾を抱えている。悩みの原因は人間関係依存症のことが多い。別れたいけど離れたくない。

「自分が依存している人々に対して過度な敵意感情を含んでいる。」[*44]

自分の身勝手を「私は苦しい」ということで合理化する人もいる。

「私はこんなに苦しいから、このことが許される」という言い訳である。合理化とは単なる言い訳にしか過ぎない。

自分の身勝手な願望を、身勝手と認めない。「こんなに苦しいから」私は特別なのである。

「私はこれほど苦しい！」という訴えは「私に、わがまま勝手という特別の権利を認めてくれ」ということである。

つまりわがまま勝手をしながらも「これはわがままではない、私は特別なのだ、なぜならこんなに苦しいのから」と訴えているのである。

なんでも人のせいにする合理化

人は苦しさに耐えられない時に、犯罪をはじめさまざまな身勝手なことをする。そしてその原因を合理化する。

何か過ちを犯した。しかし「私は過ちを犯した」と認められない。そんな時に「お前が悪いからこうなった」と言うのも合理化である。

劣等感が強ければ強いほど「私は過ちを犯した」と認められない。相手に対して敵意が強ければ強いほど「私は過ちを犯した」と認められない。

突っ張っている人は劣等感が深刻で、敵意に満ちているのである。だから突っ張らないではいられない。突っ張っている人はつらい、苦しい。しかし突っ張らないではいられない。どんなにつらくても現実に向き合うよりは突っ張っている方が心理的に楽である。だからどんなにつらくても突っ張ることをやめられない。

一人で耐えられないほど苦しくなると合理化を始める。「こんなに苦しいのは私の責任ではない、お前の責任だ。悪いのは私ではない」という主張である。

そしてもう一つ合理化について大切なことは、その人の内面の弱さと正比例するということである。内面的に弱ければ弱いほど合理化は多くなる。

なんやかんやと理屈をつけて合理化をする。「あの時にお前がああしていなければ、こんなことにならなかった」と言い張る。

「こうなったのは自分が悪い」とどうしても現実を認めない。現実を認めるということは自分の劣等感も認めることにつながるから、どんなことがあっても現実は認められない。

内面的強さのない人は、自分を相手の上に引き上げることで、自分を維持しようとする。従って「私が悪かった」と認めることはできない。

カレン・ホルナイの指摘を待つまでもなく、競争社会において、自信がなくて不安で、敵意に満ちて孤立した人は、自分を他人の上に引き上げる「緊急の必要性[*45]」がある。

この「緊急の必要性」がある以上、こうなったのは「お前が悪い」と言い張らざるを得ない。「私があの時にこうしたのは、お前がこうしたからだ」と言い張る。「私が悪かった」では「緊急の必要性」を満たさない。

そして自分が悪い時に「私が悪い」と言えないために事態はさらに悪化していく。

最終的にその人の人生を破滅に導くものには、いくつかあるだろう。この「緊急の必要性」はその一つである。

この「緊急の必要性」が内面の弱さであり、その人に合理化を強制する。つねに悪いのはあなたであって、私ではない。

合理化している時に、その人は心の葛藤に苦しんでいる。意識の領域ではどうであれ、無意識の領域では苦しくて悲鳴を上げている。

そして重要なことはこの合理化をすると、その場は心理的に楽になる。意識的には何の問題もない。また社会的にはその場は収まっていくかもしれない。

しかし実は合理化をしている人は無意識の領域で大きなコストを払っている。合理化をするたびに無意識の領域で起きていることは内面的強さが掘り崩されているということである。

意識的に望ましいことがその人にとって必ずしも望ましいことではない。合理化をしてその人はその場は心理的に楽になり、意識の上では何事もなくその日は過ぎていく。

しかしその人の内面はそれだけ弱くなったのである。苦しみを耐える力はそれだけなくなった。ストレス耐性度はそれだけ弱くなった。

社会的にも肉体的にもドンドンと歳をとっていく。さまざまな領域で責任も重くなっていく。それにもかかわらず内面的強さは掘り崩されていく。

大きな木なのに根が掘り起こされていくようなものである。いつ倒れてもおかしくない。

もし合理化をしなければそれは本当の自信、つまり内面的強さを強化するチャンスだったのである。

「虐待」を「しつけ」と合理化する親たち

ロロ・メイはサディズムとマゾヒズムの不安現象の例として次のように述べる。

「不安からの逃げ道は、他人を共生的な関係に保っておくだけでなく、他人を支配し、他人に打ち克つことによって、あるいは他人を自分自身の意志に従わせることによって達成できるということである。[*46]」

たとえば不安な父親は、子どもを自分の意のままに支配することで不安を逃れようとする。

「他人を共生的な関係に保っておけることを、他人に対する自分の勝利、他の人たちを、自分の意志に従わせることと解釈していた。[*47]」

逆に他人の拒否を、他人からの攻撃と解釈した。

祖父が自分に注意を向けてくれなかったために、大量の敵意のある父親は、息子を共生的な関係に保っておくだけでなく、息子を支配し、自分に従わせることによって不安から逃れようとした。

サディズムを愛と錯覚していた。何か社会的事件があると新聞が「父親は子煩悩であった」と言うのも同じ。子煩悩と言われた父親はサディストであったということが多い。

元々不安な人が支配しようとするのだから、それは感情的支配にならざるを得ない。つまり一貫性のない支配である。

同じことをしていても、ある時にはほめられ、別の時には叱られる。その時その時の父親の機嫌で、基準は違ってくる。

子どもは父親の顔色を見ながら、自分のすることを決めなければならない。

言うことについても同じである。人をほめて「お前は良い子」とほめられる時もあれば、人をほめると、なぜか逆鱗に触れることもある。

基準がないから子どもはいつもビクビクとして親の顔色を見て生活しなければならない。

とにかく何を言われてもまず「ハイ!」と返事をする。軍隊と同じである。

こうした服従依存の関係の中で子どもの自我が成長するはずがない。

そして親の方はこの「しがみつき」を愛と呼び、支配を「しつけ」と合理化する。

そして子どもをどんなに思うままに支配しても気持ちが収まるわけではない。それは親のパーソナリティーが矛盾を含んでいて、不安だからである。

子どもをいじめても、いじめても親の心の不安は収まらない。子どもが多い場合には、自分の子どもの中である特定の子どもを仲間はずれにする。それは仲間同士のいじめよりも深刻かもしれない。家族兄弟という近い関係の中で仲間はずれのいじめをするのだから。

その子を除いて家族皆はどこかに行く。このいじめは地獄である。この地獄の体験をした子は、大人になっても拒否を恐れる。「孤立と追放」を恐れる。

フロムの言うように人はそもそも「孤立と追放」を恐れる。その一番恐ろしいことを小さい頃に家族の中でやられたら、人を信じることができなくなる。

こうしていじめられた子どもは、自分は徹底的にいじめられると感じているから、とにかくおびえている。とにかく周囲の世界が恐ろしい。周囲の人は自分を守ってくれるのではなく、逆に恐怖の原因である。

周囲の世界が自分を守ってくれると感じて成長した人と、周囲の世界は自分を徹底的に攻撃してくると感じておびえて成長した人がいる。その両者では、生きている世界が全く違う。

いつも世界におびえている人は、一度自分の感じ方は全く違っているのではないかと疑ってみることである。

小さい頃は周囲の世界は敵であった。しかし大人になってからは必ずしも同じ世界ではない。

ベラン・ウルフが「現実は味方である」という名言を述べているが、おびえて生きている人は、一度現実はもしかしたら自分の味方ではないかと疑ってみることである。

小さい頃、自分の周囲の人達は皆不安な人であった。そして彼らは不安を和らげるために、攻撃しやすい他人を攻撃した。そうして自分はいじめられたのかもしれない。そうして自分が生きてきた世界をしっかりと見直してみる。

今自分が生きている世界は、必ずしも不安な人達だけではない。逆に自分を守ってくれる人もいる。

もしかすると自分は戦う必要がないのに、戦っているのかもしれない。今おびえて生きている人は、そう今の自分をとらえ直してみる必要がある。

カルト集団がどうしても支配服従の関係になるのは、教祖の不安が一つの大きな原因であろう。教祖は信者を力尽くでも服従させる。そして次にその信者同士がまた服従依存の上下関係になる。

不安な人は、不安を和らげようとして攻撃的になる。そして相手を支配しても、支配して不安そのものはなくなるわけではない。

「もしわれわれが、他人を自分自身の意志に従わせる以外に、不安から救われ得ないとなれば、不安を和らげる方法は、どうしても本質的に攻撃的とならざるを得ない。」[*48]

小さい頃は確かに周囲の世界は攻撃的であった。確かに周囲の世界はストレスに満ちていた。しかし大人になってからは周囲の世界は味方かもしれない。ストレスのない世界かもしれない。

第4章

感情のブレーキがきかなくなるのは、心の抑圧が原因

——過去のトラウマから心の警報機が鳴ってしまうしくみ

子どもの癇癪は心のSOSサイン

かつてIQではなくEQ（心の知能指数）だという言葉がよく言われた。

「この衝動をコントロールするのがEQの基本だ。[*49]」

この衝動とは、行動を喚起する衝動である。私は心を静めるのはEQの基本だと思っている。ただそのEQの著作には「どう心を静めるか？」が書いていない。

我慢ができない子どもは結局何事も成就できない。

「我慢ができない子ども」と解釈すべきなのか、それとも「母親固着の強い子ども」と解釈すべきなのか。つまり「母親固着の強い子ども」はEQが低いのか。

「保護と安全安心」を求める願望（フロイトの言う近親相姦願望）が満たされない不満やストレスにさらされているうちにホルモンのバランスを崩してしまったのか。

「なんでこの子はこうなってしまったのだろう？」と、われわれ親は嘆く。子どもの無気力、反抗、虚勢、弱さ、逃げの姿勢、言い訳等々に接して親は嘆く。しかしやはり子どもがそうなってしまったのにはそうなってしまった原因がある。生まれてからの毎日の生活の積み重ねの中で、その子はそうなってしまったのである。

目に見えないところにその原因はある。

元々の素質ということは確かにあるだろう。傷つきやすい子どもと、比較的傷つきにくい子どもがいるのは確かである。

問題は傷つきやすい子どもが傷ついているうちに、その子のホルモンの適正なバランスが崩れてしまったということである。

親は対処しないで、ただ「どうして分からないんだろう？」と嘆き悲しむ。カレン・ホルナイの言う感情的盲目性である。

感情が理屈を受け付けない。感情を司る右脳の反応が強すぎて、論理の左脳が適切に機能してこない。

いろいろな原因から今の時点では、すでに子どもは分からなくなってしまったということである。後に説明する脳内の化学的作用の変化の定着である。

子どもとすれば「分かることが怖い」。

子どもも、親の言う通りであることは一人になって考えれば分かる。しかし子どもは、その分かったことを受け入れることができない。

一人でいる時に、「そんなことをしていては、将来困りますよ」と言う親の理屈は分かったとする。

しかし「そんなこと」をやめたくない。我慢ができない。それをしないという我慢ができない。しかし同時に「将来困ることになる」のはイヤなのである。だから喚《わめ》くのである。

おそらく家庭内暴力も同じであろう。

子どもは八方塞《ふさ》がりになって、「助けてくれー！」と叫んでいるのである。

原因と結果の法則を受け入れたくない。待ち受けている結果はイヤだ、でもその原因となることをやめたくない。

運動はイヤ、食べたいだけ食べたい、それで「俺をやせさせろ」と叫んでいるようなものなのである。食べたいだけ食べるのをやめられない。その衝動を抑えることはできない。でも太ることにも耐えられない。

子どもの暴力は、それを「なんとかしてくれ！」という叫びである。

普通の人以上に太ることには耐えられない。考えただけで恐ろしくて気が変になりそうである。しかし同時に「大食をやめる」なんて考えただけでも、また気が変になる。

ささいなことでストレス・ホルモンが過剰分泌してしまう理由

基本的に悩んでいる人は皆同じである。

私のところに相談に来る学生も基本的には同じである。勉強するのはイヤだ、でも卒業をしたい。卒業しないことには耐えられない。しかし単位をとるための勉強には耐えられない。

しかも耐えられない度合が普通の学生と違う。耐えられないというよりもむしろ怖い。卒業できないことは普通の学生以上に怖い。震えてしまうくらい怖い。

しかし同時に勉強することは普通の学生以上につらい。勉強は普通の学生以上に苦しい。とにかく苦しいから勉強なんてとてもできない。「俺に勉強しろというのか、バカ野郎！」という感じである。

しかし大学卒業の人生コース以外は恐ろしくて考えられない。そんなことは死んでもイヤだ、しかし死ぬのだけはイヤだ。「なんとかしてくれー！」と叫んでいる。

体内に異常事態への対応を促すカテコールアミンが普通以上に分泌されているのだろう。だから神経は高ぶっている。親や先生や仲間からすれば、別に今の状態は安心していていい状態である。別に明日食べられなくなるわけではない。誰かに殴られるわけではない。

しかし彼にとってはそうではない。

前述したカテコールアミンの異常分泌という異常事態である。カテコールアミンが異常に分泌されている状態で、彼らに「そんなに高ぶるな！」と言っても無理である。

彼らはカテコールアミンが出やすくなっているのである。「ベトナム復員兵はカテコールアミンの分泌を抑える受容体が四〇％も少ない」[*50]とダニエル・ゴールマンは言う。

おそらく家庭内暴力の子どもなども、カテコールアミンの分泌を抑える受容体がかなり少ないのではなかろうか。

私が言いたいのは、ベトナム復員兵にその受容体が少ないように、彼らも今日までのストレスに満ちた生活の中でそれが少なくなってきてしまったのではなかろうかということである。

普通の人より傷つきやすく、最初の傷が次の傷を大きくしていく悪循環に陥ってしまったのである。

つまりダニエル・ゴールマンの言葉を借りれば、彼らの神経のアラーム・システムの「設定値が危機的に低くなっている」のである。

たとえば普通のアラーム・システムなら小さい振動では警報は鳴らない。しかし設定値が危機的に低くなっているアラーム・システムでは空気が少し動いたか動かないというようなことでも「ブー、ブー、ブー」と鳴ってしまう。

母親の声の調子一つで警報機は鳴ってしまう。「今、何にもなかったんじゃーない」というのが普通の人の反応の仕方である。しかし彼には、それは十分「ブー、ブー、ブー」

と鳴るに値することなのである。

この警報機の「ブー、ブー、ブー」が彼の反応である。怒鳴る、喚く、暴力を振るうという警報機の反応である。

よほど大きな衝撃でも「ブー、ブー、ブー」と鳴らない警報機もある。それはそのように設定してある。ダニエル・ゴールマンのこの警報機のたとえは見事である。

痛風という病気がある。風が動いただけでも痛いという。家庭内暴力の子どもなどは心の痛風にかかっているのである。

「こんなこと痛くないよ、弱虫！」と言うのは酷である。痛いのは痛い。

パニックになった時の心の持ち方

普通に考えれば大丈夫なことでも「大変なことになる」と危険を感じてしまう。心配症といえば心配症である。

ピーターパン症候群の大人の大騒ぎは、これと同じである。

朝、自分が「よくネクタイが結べない」ことで、自分達家族が路頭に迷うところまで騒ぎがいってしまう。つまり会社に遅れてしまう、会社を辞めさせられる、路頭に迷うという予測である。

ある人が「私は小さい頃からストレス過剰の生活をしてきた。うつ病になって入院しなかったのが奇跡のような生活であった。今まで生きてこられたことが不思議なくらいである」と言う。

だからおそらく私の体は異常にカテコールアミンの分泌が促進されていると思っていると言う。

そこで何か「これは大変だ！」と緊張した時には、「あー、今、自分はカテコールアミンが少し出すぎているな」と私は思うようにしている。

今、自分がしなければならないと思っていることのうち半分はしなくても死ぬことにはならない。

大変だと思うから、大変なだけである。

「あー、どうしよう、大変だ！」と思った時には、「『記憶に凍結されている恐怖』（ダニエル・ゴールマン）が、自分にそう感じさせているな」と私は思うことにしている。

恐怖の再体験である。

「小さい頃起きたような恐怖は、今はもう起きない、それなのにまだ起きると私が勝手に感じている」と自分に言い聞かせる。

つまり私の「感情の神経回路に焼き付いた記憶」（ダニエル・ゴールマン）を消す努力をする。

そして新しい神経回路をつくる努力をする。

あれだけひどい生活に耐えた私の扁桃核は過剰な覚醒状態になっていておかしくない。

人は、自分が「大変だと思うこと」で、事態を本当に大変なことにしていってしまう。

たとえばそれほどの大変な問題でもないことを私が大変だと思う。すると夜も眠れなくなる。仕事はできなくなる。睡眠不足でイライラして、人ともうまくいかなくなる。

「別に、あんなことはどうでもいい」と思っていれば、夜は眠れるし、仕事もいつもと同じようにできるし、人間関係も今まで通りそこそこにうまくいく。

そのマイナスなことはマイナスだとしても、そのことだけのことで終わっていく。小さなマイナスを大きなマイナスにしてしまうのは、私たちの過剰反応である。

あっちでもこっちでも問題が起こり、出席しなければならない会議に出席できそうもなくなってくる。

そんな時には思わず「あー、どうしよう、困ったなー」と思う。しかしそんな時、「実際にはそんなに大変なことは何もない、ただ例のヒリヒリしている扁桃核がまた引き金を引いたおかげでホルモンのバランスが崩れて、体が異常に興奮しているだけだ、そのうち収まる、ホルモンのバランスが崩れたから大変と感じているだけで、実際には大変なことではない、いずれにしてもこれは実際にはどうでもいいことなのだ、私がこの会議の欠席を大変だと思っているだけで、本当は大変なことはない」。

そう自分に言い聞かせる。

小さい頃、親から「ダメだなー」と言われた時に深く心が傷ついた瞬間が、大人になって何か困った時によみがえってくる。

「扁桃核＝amygdalaは傷の瞬間を意識に保持し続けようとする」という。

蛇の檻に入れられたような幼年時代、少年時代である。

二歳か三歳で自殺未遂した私はトラウマだらけである。鍼師から、針でさわらないのに「痛い」と叫んだ人は初めてだと言われた。そのくらい人の感覚は違う。

「過去のトラウマの犠牲になるな！」

このような恐怖の学習は扁桃核を中心とする大脳辺縁系＝limbic systemの神経回路の変化を起こす。

前述したように、もう一つ脳下垂体におけるCRFというストレス・ホルモンの調整がうまくいかない。*[51] CRFが多い人は一回目のサイレンにも四回目のサイレンにも同じように反応する。

過去の経験をスキャンして、何かキーエレメントが一つでも似ているところがあると、それがマッチしているとしてしまう。*[52]

小さい頃の養育者との体験が、不当にものすごい意味を持ってしまう。*[53]

小さい頃の養育者との交流はエモーショナルレッスン＝emotional lessonを、無意識に貯蔵する。その感情的記憶＝emotionally charged memoryは扁桃核に貯蔵されている。最も早い感情的記憶は、言葉を持つ前に確立する。*[54]

私は、怒りを感じた時に「過去の犠牲になるな！」と自分に言い聞かせている。

怒りのあまり怒鳴ったり、暴力を振るったりすることはおそらく不安な人の場合には、過去の犠牲になっているのだろう。

相手の言葉にあまりに怒りを感じて、思わず大きな声を出すという過激な反応をしそうになると私は「CRFが分泌されすぎると反応が過激になる」と自分に言い聞かせる。

「今自分は、下垂体からCRFというホルモンが出すぎている」と自分に言い聞かせる。

怒りのあまりその言葉を忘れそうになると単純に化学反応が起きていると自分に言い聞

かせる。

「カーッとなったりしてもその衝動を軌道修正しようとする時に前頭前野＝prefrontal cortex が働いている」[*55]。

だからカーッとなっている時にはまだ前頭前野が働いていないのである。

通常は送られた情報と反応は前頭前野で調整される[*56]。

前頭前野は 感情のマネージャーである。

寂しい、幸せ、くよくよ等々の時には大脳新皮質＝neocortex が働いている[*57]。

こうして憎しみの対象は無差別になる

小さい頃のニューロンの連絡網は特別な連絡網を残し、一生涯にわたって働き続けるという[*58]。

しかし幼児期も少年期も終わり、学校の卒業後も、来る日も来る日も悔しいことばかりが続く。何事も思うようにいかなくて、来る日も来る日も腹が煮えくりかえることばかり。

そんな人も多い。

そういう人は、心の底では暴れたくなっている。自分の感情抑制の限界を超えかかっている。

生真面目な人が「殴る、蹴る、叩く」の暴力を振るった時には、長年にわたって抑えられてきた怒り、憎しみ、恨み、屈辱などが、波が砕ける時のように一気に飛び散った時である。

もはや特定の誰かが憎らしいというような感情の段階ではない。世の中のすべてが許せなくなる。

愛を知らない人間の憎しみは対象無差別になる。

愛を知っている人間の憎しみには対象がある。

よく、駅の構内で傷害事件が起きる。そういう人は憎しみが限界点を越えているのだろう。そういう時にはもう「誰が許せない」とか「あのことが悔しい」とかではなく、もうすべてが融合して、心の中は憎しみの渦になっている。

自我が憎しみの感情に埋没している。

「誰かが止めてくれれば」と言う。自分に絡んでくれる人を求めている。

母親が「やめなさいよ」と言う。しかし「やるよ」と言い合う。

自分でトラブルを解決しようとしていない人は、「あの人、ひどいわねー」と言う口だけの人に惹かれていく。「分かるわー」と言う口だけの人に惹かれていく。

こういう人は、求める相手が違ってくる。どんどん違った方向に行く。

こういう人は、たとえばネットの人に走る。ネットには同じように心が荒んだ人が集まっている。そこでネット上の人脈ができてくる。ネット上の人脈は、現実の人脈と違ってくる。

一端、変な世界に行くと時間と共にどんどんおかしくなる。そして違う世界に入っていてしまう。そういう世界には、強がりを言う人が集まる。

実はみんなおびえている。

そういう人は、今と違う世界に入っていくすべを知らない。そこで楽な方に、楽な方に行く。

そうしてストレスに弱い人は、事態をどんどん悪くしていく。ストレスに弱い人はどうしても自分で自分の首を絞めていく。


不幸を憎しみにしない。

挫折は誰でもある。それを他人に向けた。

ストレス耐性度というのは、我慢をしているうちに落ちてくる。

無差別殺人の原因になるような憎しみになった時には、ストレス耐性度は極端に落ちている。長年にわたって表現されない怒りが心の底に根雪のように積もっている。もうほんのささいなことにも耐えられなくなっている。

肉体的に疲れていれば、わずかな坂でもつらい。「もう歩けない」と思う。しかし元気な時には、それが坂であるということにすら気がつかないで歩いてしまう。

心も同じである。

心理的に疲れている時には、ささいなことをものすごい困難に感じる。

対象無差別の憎しみを持つようになった人は、「なんでオレの人生だけが、こんなに苦しいのだ」という不公平感を持っている。

第5章

こんな「心のふれあい」があなたの心の砦をつくる

――人間関係の我慢から脱け出す方法

人に従って我慢する生き方は、やめよう

依存心が強いとコントロールの感覚は持てない。

依存心が強いということは「してもらう」ことばかりを考えているからである。「もらうもの」しかない。

「自分が何かをする」という感覚がない。

「これは自分のもの」という感覚がない。

前に紹介した二匹のラットの心理学実験を思い出してもらいたい。自分がレバーを押して電気ショックを止められない、つまりコントロールができないラットの方は脳の変化が起きていた。[*59] うつ病になるような人は、こうしたストレスを小さい頃から感じて生きてきた。つまり自分の力ではどうしようもないストレスの中で生きてきた。

戦場で生まれて、戦場で育ったようなのである。

もう休んでよい。もう帰還兵になってよい。

帰還できなければ野戦病院に入る気持ちになるのでもよい。

ストレスに弱いのに、今もまだ戦っている。

野戦病院に入れば、安心してモルヒネが出る。

心が癒やされる場所にいれば、身体が変わる。安心感で脳内モルヒネが出る場所を見つければいいのに、まだ戦場に行こうとする。

自分はストレスに弱い人なのに、まだ戦っているのがうつ病者である。

充分に野戦病院に入るだけ、心は傷ついている。

私たちはいったん絶望すると流れに抵抗しなくなる。それがどんなに不当なことであっても、「なるがまま」にされてしまう。つまり相手の言いなりになる。

抵抗すれば抵抗できることでも抵抗しなくなる。抵抗するエネルギーがなくなっている。

そして周囲の不当な力に押されて被害を甘受するようになる。

横暴な人が勝手な真似をする。その被害に遭う。横暴な人は相手に被害を与えながら、その上で相手を非難する。しかし非難を受けた人は横暴な人に抵抗しない。

従順な人は、ずるい人や搾取タイプの人の言いなりになり、抵抗しない。「やられっぱなし」という表現がピッタリするような行動をしてしまう。

ストレス耐性の弱さは、小さい頃から周囲の人の言いなりになって生きてきたことの恐ろしさを表現している。

小さい頃から権威主義的な親に従順を強いられた子どもは、その後も何事も周囲の人から言われるままに流されて生きてきている。

そのうちに幸福になる力そのものを失ってしまった。

従って大人になっても難事に対処できない。難事に自分の力で立ち向かった経験がない。従って、ただ我慢するということでしか対処できない。

しかしただ我慢することは本当の意味での対処ではない。

人の言いなりになってしまう「学習性絶望感」という病

日本では依存症的人間関係という言葉を聞かないが、アメリカの本ではよく出てくる。それを取り扱った著作もたくさんある。

つまり依存症的人間関係とはアルコール依存症と同じである。アルコール依存症の人は、アルコールが自分にとってよくないと知りながら、飲まないではいられない。

依存症的恋愛関係の場合には、どんなに虐待されてもその恋人から逃れない。

英語の本を読んでいると、惨《みじ》め依存症という言葉も出てくる。

どんな種類の依存症であれ、依存症になると完全に対処能力を失う。

先のセリグマンの犬の実験である。

幼児期に一度逃れることのできない電流を体験すると、成長してから電流を体験すると、飛び越えられる塀でも跳び越えて逃げようとしないという。

これをセリグマンは学習性絶望感と言っている。[*60]

床に電流が流れた時に、塀を飛び越えれば飛び越えられるのに、飛び越えない。つまり床に電流が流れたという事態に対処しない。それが絶望した犬である。

人間もそれと同じで、かつてひどい目に遭った人は、今の難事に自分の力で対処できるのに、何も対処しないで自滅していく。

いわゆる「良い子」が社会的に生きていけないのは、困難に際して自分の力で対処しようとしないからである。

小さい頃権威主義的な親に従順に従って生きてきたように、大人になってから身勝手な人の言いなりになる。損害を甘受してしまう。

横暴な人から怒鳴られる。横暴な人の言うことなど聞く必要がない。それなのに大きな声で怒鳴られると、言うことを聞いてしまう。

ライオンを怖いと思ったらライオンの方は、その怖がっている相手に、自分の好き勝手なことをする。

怖いと思った方は、自分に無理をしてライオンを喜ばすことをする。そして心理的にも生活面でも、相手が中心になる。

逆にライオンを怖いと思わないサルがライオンを好きになる。どうなるか。

そんなサルは「サルはこんなことするんだよ」とライオンに教える。

サルは、ライオンではなく自分が中心になる。

親子でも同じことが起きる。

子どもが親を怖いと思ったら、情緒的に未成熟な親は、その怖がっている子どもに、自分の好き勝手なことをする。

孤独とストレスの関係——心がふれあえれば強くなれる

ある神経症から治った人である。昔を思い出して語った。

大学受験の時である、前日のストレスはものすごかった。

あれだけ激しいストレスだったのは孤独だったからだと、後で気がついたという。

友人という名前にふさわしい友人もいなかった。家族という名前にふさわしい家族はいなかった。皆、形だけの人間関係で、心のふれあいがない関係だった。

周囲の人は皆、彼が落ちることを無意識では望んでいた。そして周囲の人は、皆自分に対して優位に立ちたいというのが本音の願望であったという。

さらに世界が狭かった。受験がすべてだった。つまり社会的接触がなかった。社会的支持がなかった。そして合格がすべてという歪んだ価値観に縛られていた。

それでものすごいストレスであった。

周囲の人の願望はもちろん、矛盾していた。

一方で、世間に対しては自慢したいから、彼の合格を望んでいた。しかし他方で、彼が不合格になって惨めになることを望んでいた。その矛盾した願望を突きつけていた。

それは二重束縛である。

会社の面接試験の時も同じだったという。そして次のように続けた。

私は、誰も信じていなかった。

競争は最も近い人でもあった。不合格になるかもしれない。その自我価値の剥奪におびえていた。

この自我価値の剥奪がストレスの原因であった。


彼が神経症から回復するためには、そうした理解が大切であった。

ストレスなしで受験した人もいたに違いない。

これでは競争にならない。ゴルフでいえば、ハンディなしでプロとアマチュアがゴルフをしているみたいなものである。


神経症者は、心の底で近い人と誰とも心がつながっていない。[*61]

心がふれあえればストレスに強くなれる。

孤独の人ほどストレスの感じ方が強い。

それは劣等感にも通じる。

今すごいストレスで体調を壊している人は、「あの親でなく、あの友人でなければ、あのものすごいストレスはなかった」、そう思えないだろうか。

ストレスに弱い人は、「あの時、周りの人が違っていたら、あのストレスの時代もなかった」、そう思えないだろうか。

そしてその周りの人達は、すべて自分が選んだ人達だった。親は選べないけれど友人は選べた。

ストレスに苦しんでいる時に、周りにいろいろな人達はいたけれども、心がふれあう人は誰もいない。多くの人に囲まれながら、心はたった一人で生きていた。

ストレスに耐えるとはある意味で孤独に耐えるということでもある。

高いSOCというのは「心のふれあいのある人がいる」ということである。

SOCとは、次項で詳述するが自分が出会った困難の本質を理解し、それに自分の力で対処しようとし、その困難を乗り越えることに意味を感じる心の傾向である。

今自分の過去をふり返って、自分が孤独であったと思う人は、自分はストレスに耐える力が超人的だと思ってよい。

心のふれあいのないままに、つまりストレスのバッファー（緩衝材）がないままに、とにかく人生の諸問題を形だけにしろ、とにかく乗り越えてきたのである。死なずに生きてきたのである。それはものすごいことである。

自殺しなかったのは奇跡に近い。不眠症になって不思議ではない、うつ病になって不思議ではない、自律神経失調症になって不思議ではない、偏頭痛になって不思議ではない、無気力になって不思議ではない。

でも、とにかく生きてきた。

よい人間関係の中で生きてきた人とは、生きてきた世界が全く違う。

ストレスから不眠症になっている人は、心のふれあいのある人たちと、自分を比較してはいけない。それは鷹とモグラを、飛べるか飛べないかで比較するようなものである。

いつも気持ちが焦るのも、ストレスがあるからである。人は安心する場所がないから焦る。今ここにいてはいけないと、無意識に感じるから焦る。

周りが敵でなければ、人は焦らない。早くこの状態を抜けたいと思うから焦る。

そのような神経回路が、自分の中にでき上がっている。外からの刺激は、その人の神経回路を通ることで、刺激が元々持っていた内容と変わったものになってしまう。

外からの刺激は、それほどすごいものではない。それがその人の脳の神経回路を通ることで、ものすごいストレスに変わっている。

ストレスを減らす「心の絆感」とは

ストレスのバッファーとなる概念としてSOCというものがある。

ＳＯＣとは、元の英語はSense Of Coherenceである。一口では言いがたいが「心の絆感」とでも訳せばいいのだろうか。「人と一緒」という感覚である。それはストレスを減じる効果を持っている。

ＳＯＣは家族の生活やコミュニティーの生活の満足と大いに関係がある。[*62]

家族の生活やコミュニティーの生活に満足している人はストレスに耐える力がある。

ただＳＯＣが高い人は皆に好かれようとしないと私は思っている。全員に好かれようとすると一貫性（Coherence）がなくなる。

自分の心に砦のない人は、皆に好かれようとするし、当たり前のことであるが、ストレスに弱い。ちょっとしたストレスで挫折するし、時には病気にもなる。

心の砦とは心に葛藤がないことである。

高いＳＯＣとは広範な自信であり、ことが起きたときの対処能力であり、対処できるという自信である。そして最後に「このトラブルは戦うに値する」という感じ方である。

その困難な状況を乗り切ることに意味を感じているかどうかである。そのことに意味を感じている人のほうが、そのことにストレスを感じない。

その困難な事態が会社の経営危機か、隣人とのもめ事か、恋人とのいさかいか、離婚か、何であるかは別にして、そこにエネルギーを投資し、それにかかわる価値のあるものであるという認識があるほどSOCは高い。つまりストレスはない。

支え合いがストレス・ホルモンを減少させる

一九七九年スリーマイル島の原子力発電所で炉心溶融が起きた。放射性ヨードの放出量が少なく、家畜への被害もほとんどなかった。人命は失われなかった。にも、かかわらず社会的影響は大きかった。

一九七九年スリーマイル島の原子力発電所事故があった後、心理学者のアンドリュー・ボームがその周辺の住民について調査したところ、強力な社会的支援のある住民は、そうでない者に比べてアドレナリンの生産量が少ないことが尿検査の結果から分かっている。アドレナリンはストレス・ホルモンの中で最もよく知られているものであろう。つまり脅威にさらされた時に体内に分泌されるものである。社会的関係の強い人の方がそのアドレナリンが少なかったのである。

同じ島の中で起きた同じ事件である。それに対して人々が感じるストレスは違った。同じ事件に対して人々のストレス・ホルモンの量は違っている。

つまり社会的支援が十分でない人は、十分な人に比べてストレスを感じることが多い。

現代は「孤独で不安な時代」だから、社会的支援は少ない。つまり、昔以上に危険に対する反応は大きい。

ますます人はストレスに弱くなっている。

今は不安の時代である。

社会的支援は直接体に生理学的な効果ももたらす。社会的支援が十分でない人は、十分な人に比べてストレスを感じることが多い。

今の人間関係を「励まし合える関係」に変える

すごいストレスに囚われたら、もっと別の視点で考えようと言い合える仲間がいる人は幸せである。

ハーバード大学のエレン・ランガー教授のマインドフルネスとは、もっと別の解釈のしかたがあることを考えることである。

誰でも、何の苦もなくストレスに強い人になれるわけではない。

励まし合える、親しい人がいればストレスは乗り切れる。

苦しい時こそ、自分の人生を見つめ直す時である。人生に行き詰まった時こそ、何よりも自分の人間関係を見直す時である。

よく新しい気持ちで人生をスタートさせる決意として「生まれ変わった気持ちで」とか、「根性を入れ直して」とか言う。生まれ変わるとは、具体的には「今の人間関係を変える」ということである。

生きるのがつらい、ストレスに押しつぶされる、もう生きていかれないという時に、今の冷酷な人間関係をそのままにしていては、生きる道は拓けない。

生まれ変わるとは、まず第一点は、その人々があなたを励ましているかどうかということである。あなたに生気を蘇らせる思いやりがあるかどうかということである。

愛情のある人とは、相手を励ます言葉を言うかどうかである。

論語に「子の日わく、これを愛して能《よ》く労すること勿《な》からんや」とあるが、これは愛するからには励まさないでいられないという意味であろう。

斜に構えた人達は努力しないで欲しいものを手に入れようとする人達だから、お互いに努力するように相手を励まさない。そういう人達は「生きよう、頑張ろう」がない。

人はふれあうことで、心が鼓舞される。生きるエネルギーが湧いてくる。

表面的に交際上手で社交的な人というのは、裏の社会の知識等をひけらかし、最初は人あたりがよいので、若者などはよい友人・先輩と混同する。

普通の人は、憂鬱になっている人を見て「善意」から励ましてしまう。「今日は晴れているから、ジョギングでもしてきたら」と言ってしまう。

しかし憂鬱になってじっと座っている人は、愛を求めているので、スポーツをして汗を流すことを求めているのではない。

「ノイローゼの力学をよく知った人なら誰でも、ノイローゼの治癒は教育や精神の視野を広げることや、人間的な共感をまし加えることや、現実の障碍に立ち向かう勇気をもたせることによるものであることは理解できるに違いない。」*63

フロムは、正気であるために人とのつながりがなくてはならないと言っている。いろいろな人がいろいろなことを言っている。

人は個性化の過程で自己実現が必要である。

シーベリーは、「不幸を受け入れる」と言う。

エレン・ランガーは、マインドフルネスと言う。

実存分析のフランクルは意味の発見と言う。意味への意志と言う。

愛されるより愛すること、励ましいたわること

人に愛されるのではなく、愛することで孤独ではなくなる。

愛されることで淋しさをなくそうとしている人がいるが、それは無理。愛することで淋しさを乗り越えようとすることが正しい。

人は受け身である限り、不満はなくならない。どうしても「こうしてほしいのに、こうしてくれない」という不満が出てくる。

受け身から、能動的構えになることで、不満は激減し、満足は激増する。

ある人が、日記に出来事を書かないで、感情だけ書くことにしていた。

すると一年後に読んでみる。起きたことを忘れている。

つまり起きたことが怒りの本質的原因ではないからなのだろう。だから時が経てば起きたことは忘れている。もちろん執着タイプは覚えている。生命力がないから。

アドラーの言う社会的感情があればストレスは軽減する。社会的感情の中核は、励まし

といたわりである。

ＳＯＣの低い人、ストレスに弱い人は、励ましといたわりのない世界で生きてきた。それは「孤立と追放」の恐怖感に苦しめられながら生きてきたということである。

困難に抑圧という対処をしてしまった。つまりつらい感情を無意識に追いやって、その時をなんとかやりすごした。しかしその人が「孤立と追放」におびえていれば、抑圧という対処をするだろう。

ＳＯＣが高い人は、敵対的な世界で生きているのではない。

ＳＯＣの低い人は「孤立と追放」の恐怖におびえながら、非現実的に高い期待というプレッシャーに苦しんでいる。それがまさにストレスに弱い人である。ストレスのバッファーは何もない。

「孤立と追放」の恐怖におびえながら、非現実的に高い期待をかけられている人を考えてみる。

ＳＯＣを高めるといわれる自我の強さ、文化的安定、社会的支持等は一切ない。

名門の家に生まれて、脅威志向が高くて、有名大学合格から超エリート・コースという非現実的に高い期待をかけられている人を考えてみる。

異常なストレスにさらされているのではないだろうか。そういう人にとって、有名大学合格から超エリート・コースが「孤立と追放」を免れる唯一の生き方である。

「孤立と追放」を恐れながら生きてきた超エリートの末路

当時の新聞の報道によると、大王製紙元会長の井川意高は東大法学部を卒業してギャンブル依存症になっている。

どんなにお金があり、どんなに学歴があっても、どんなに確実な社会的地位があっても、心理的に未解決の問題があってはまともには生きられない。優良の同族会社の社長や会長という極めて安定した社会的地位が、生きるためには何の役にも立たないということを、この事件は証明した。

このことはオウム事件の場合にも同じである。裁判が終了した時に、「京都大学の大学院」まで行ってということが言われた。しかし京都大学は人生の諸問題を解決することに何の役にも立たない。

仕事の能力の育成も大切であるが、もう一つ心理的課題の解決をおろそかにすると、人生はストレスで行き詰まる。その時期、その時期の心理的課題を解決しないで社会的成功を目指すと、成功してもそれは砂上の楼閣にしか過ぎない。

つまりその時期、その時期の心理的課題を解決することが人生の土台を築くことなのである。

井川問題に戻ると、隠されている心の危機が銀座での豪遊になって表れている。満足していれば学生時代に銀座で豪遊する若者はいない。

おそらく彼は男性のロールモデルを持っていない。彼は「四国の暴れん坊」ということで、心の危機を隠していた。自分が恥ずかしがり屋であることを隠すためにリーダーになる人もいる。

おそらく彼はいつも愛に飢えていたのだろう。だから女性を連れて歩いていた。カジノの「VIPルーム」は傷ついた心を捉える。

彼の父親はワンマン経営者である。でもワーカホリックだったのだろう。小学校から飛行機で東京の塾へ。しかし彼は他の子と一緒に遊びたかったかもしれない。

父親への憎しみが、彼を無意識にギャンブルにのめり込ませたのだろう。父親への復讐である。彼は無意識で、父親がいかに間違っているかを父親に証明することを考えたに違いない。心の危機は、父親から自立できていないから起きているに違いない。

単なる楽しみのためのギャンブルとギャンブル依存症になる人との違いは何か。

それは、依存症は損失を追いかけること＝Chase their losses である。

社会的に極めて有能で、道徳的にも立派な人が子育てに失敗している。

牧師や先生の子どもが非行に走る。校長、東大教授、財界の大物が子育てに失敗する。

この人なくしてナチスの成功はないと言われるほどのゲッベルスの父親は牧師であった。

自分が「本当に心がつながっている人」は誰か？

あなたが「本当に心がつながっている人」は誰か？

今、親友と思っている人は、本当に親友か？

家族は、本当に心が最もつながっている人達か？

もしかすると、ストレスに弱い人は、自分が、本当に心がつながっている人に気がついていないかもしれない。それに気がつくことがSOCを高めることである。SOCとはアドラーの言う共同体感情でもある。

人と心がつながっているとは、相手の現実を受け入れるということである。理想の人でなければイヤだというのは神経症的傾向の強い人である。心がふれていない。

現実を受け入れるとは完全主義の反対である。痛みを受け入れる、不幸を受け入れる、すべて完全主義の反対である。

人と心がつながっているとは、制度的にとか、法律的にとか、社会的にとか、経済的にとか、という意味ではない。

名門の家の息子は、形式的にはいろいろな人といろいろなつながりがあるだろう。しかし心のつながりはない時もある。先に書いたオーナー会社の社長の息子は、社会的にはいろいろなつながりはあったであろうが、心のつながりは誰ともなかった。SOCはなかった。

無数の知己がいる人がいる。

ある年にある受験生が不正をして新聞で話題になった。入試問題のインターネット投稿に使われた携帯電話を持っていたとみられる予備校生は、大学合格への思いを周囲にこう話していた。

「金銭的に負担はかけられない。今年こそは」。また勉強だけでなく高校時代には部活動も頑張っていたという十九歳である。

男子予備校生を知る山形の友人や近所の人らは「そんなことをする人ではない」と一様に驚きを見せた。

高三の時に同じクラスだったという同級生は予備校生について、「文系で、特に英語と日本史が得意だった。明るく、どんな人とも分け隔てなく接する性格。（運動系の）部活動にも力を入れていた。友人も幅広く、いつも誰かとわいわい一緒にいる印象だった」と語った。

祖父は新聞の取材に応じ、「小さい頃からおとなしくてまじめないい子だった。中学でも高校でも運動部に所属し、勉強もスポーツも頑張っていた」と語った。

それでも心は孤独だったのだろう。入試というストレスに耐えられなかった。

「軽躁病状態の患者は、心から親しく見える知己を無数にもっている。[*64]」

しかし「この躁的防衛はいずれ真の自律を必要とされる場面で挫折する」と言われる。

失われた「社会との心のつながり」を取り戻すために

社会学者ジンメルは人類の歴史を「ゲマインシャフト（共同社会）からゲゼルシャフト（利益社会）へ」と述べた。そのことは歴史の事実に照らして正しいだろう。そしてゲマインシャフトからゲゼルシャフトへの歴史を人間の心の側面から見るとどういうことであったか？

それは人生の諸問題を解決する人間の能力の喪失である。そして実は社会制度や技術の歴史の進歩は、その能力の喪失を補う歴史でもあった。

これだけ便利になることで、その人生の諸問題を解決する能力を失いつつも、なんとか人類は滅亡しないで生き延びてきている。

以前は生きる知恵があったから生きていかれた。しかしどんどんと生きる知恵を失ってきた。その生きる知恵のなくなることと正比例しているのが社会制度の充実や技術進歩の歴史である。もちろん鶏と卵で、「知恵がなくなることが先か、社会制度と技術的進歩が先か？」は簡単には分からない。

ストレスに強い人は、今あるものに意味を感じている。家族であれ、地域社会の人とのつながりであれ、会社であれ、そこでのつながりに意味を感じている。

ということは共同体の中で生きているということである。つまり幻想共同体の中で生きてこなかった。従って社会的感情を持っている。

アドラーは、人生の問題を解決できない人は社会的感情が欠如しているという。

社会的感情が欠如しているということは、「社会の中で生きている以上、これはしなければいけないな」というような感情的納得がないということである。それをする時に感情的エネルギーがない。

自分がそれをするのが当たり前だという感じ方がない。あるいは社会のために何かをする時に、あるいは近い人のために何かをする時に、そこに人間としての喜びがない。つまり感情的エネルギーがない。

社会的感情が欠如していると、自分の人生のいろいろな問題を処理しなければならない時に、問題を処理するエネルギーがない。

社会的感情が欠如しているから、我慢することに意味を感じない。というよりも自分のしていることに意味を感じないから我慢する力がない。

社会とのつながりがあるから、自分という存在に意味を感じる。

SOCのある人と、義務責任感が恐怖感から出ている執着性格者との違いはここである。生きるエネルギーがあるかないかの違いである。社会的感情から義務責任感がある人と、恐怖感から義務責任感を持っている人との違いである。自分をよく人に印象づけようとする人と、人を励ます人との違いである。

同じ感情のコントロールでも、愛情からの感情のコントロールと、恐怖感からの感情のコントロールとある。

小さい子が悪いことをしようとした時に「お婆ちゃんを悲しませたくない」という感情から悪いことをやめる。それが愛情からの感情のコントロールである。

好きな人がいなければ、愛情からの感情のコントロールはできない。

それがストレスに弱い人とストレスに強い人との違いである。

ストレスに弱いうつ病になるような人と、ストレスに強い人では、自分がそれをするのが当たり前だという感じ方があるかないかである。

ストレスに弱いうつ病になるような人には家をきれいに掃除しようという積極的な気持ちはない。さらに人が家に来てくれるのだから家をきれいにしておこうという気持ちはない。人に気持ちよく過ごしてもらおうという気持ちがない。そうした社会的感情がない。そのエネルギーはない。

社会的感情がある人にはそれがある。自分が汚れているところよりはキレイになっているところの方が気持ちよいから、人にも気持ちよく過ごしてもらおうという気持ちが出る。これが社会的感情である。

当たり前のことに感謝する

社会的感情がある人、たとえばSOCのある人には何かをしている時に、「ありがたい」という感謝の気持ちがある。

ストレスに弱い人には、何かをしている時に「ありがたい」という感謝の気持ちがない。

アドラーは何事も当たり前のことはないと言う。それは当たり前のことに感謝しろという意味でもあると私は解釈している。

ところで人間の幸せを考える時に最も重要な二つのポイントがある。

比較と順応（parison & adaptation）である。

アダプテーション（順応）の恐ろしさに注意を払わない人は多い。

アダプテーションとは、たとえば健康な人が、自分が健康であることに慣れてしまうことである。

ストレスに強い人は、健康のありがたさを知っているということである。

社会的感情がある人は、それができるのはありがたいことだという感情がある。

たとえば健康で会社に行けるのはありがたいと感じる。それができるのは当たり前のことではないからである。

「皆さんのおかげだ」が社会的感情である。

家族と、友人と、一緒に食事をできるのはありがたいと思う。だから感謝をする。

従ってストレスに強い人と、ストレスに弱いうつ病になるような人とがお互いに理解するのはきわめて難しい。

社会的感情は自然に生まれる感情である。社会的感情がある人は「あの人、傷治ったかな？」と自然と気にかかる。

社会的感情と正反対のものが自己執着であり、ナルシシズムである。アドラーは「うつ病は重症でも二週間で治る」と言う。それは、その社会的感情を努力してつくり出そうとするものである。

「自己への執着」から「他者への関心」へ

焦る人は、今持っているものに意味を感じていない。心の軸がない。心の軸がない人が焦る。焦点が絞れていない人が焦る。

心の軸があるとは、生きる方針がきちんとあるということである。生きる方針がきちんと決まっていれば、あっちこっちに振りまわされないで生きられる。

ストレスに弱い人は、仕事があっても、友達がいても、財産があっても、家族がいても、恋人がいても、それに意味を感じていない。不安である。

現実の共同体ではなく、幻想共同体の中で生きてきた人は、生きている実感がない。幻想共同体の中で生きているから、社会的感情が欠如している。従って人生の問題を解決できない。

「幻想共同体から本当の共同体へ」という心の姿勢がすべてを解決する。

劣等感が社会的感情の欠如であり、社会的感情の欠如は所属感の欠如である。


悩んでいる人には周りがない。自分しかいない。自己執着のすさまじさである。

つまりアドラーの言葉を使えば、社会的感情がない。悩んでいる人は、まさに社会的感情の欠如である。

悩んでいる人は社会的感情が欠如しているということには、実際に悩んでいる人と接してきた人なら、反論しようがないはずである。

とにかく悩んでいる人は、自分、自分、自分で他者がいない。この世の中にあるのは「私はこんなに苦しんだ」ということだけである。

たとえば、私が講義に行くと大学の教室の入り口の前で、悩んでいる人が待っている。

そこで教室の学生を指して「これから僕は講義をするので、この学生達は皆待っているのだけれども」と話しても、関係ない。

平気で「私はこんなに苦しい」と悩みを話しだす。もちろんアポイントメントも何もない。初めて見る人である。

百人の学生は彼の目から刺激として入っているのだろうが、彼の脳の視覚野では認識されていない。彼には、目の前にいる学生は全く「ない」。

他者が認識されるようになれば、彼は悩んでいない。まさにアドラーの言うとおり、人生の問題は社会的感情なしには解決できない。

悩んでいる人にはその社会的感情がない。つまり他者が「ない」。他者が「ない」から、次々と悩みが出てくる。そして他者が「ない」から、解決しようがない。

深刻な劣等感のある人は人生の諸問題を解決できない。子育て、介護、結婚生活、職場や学校での人間関係等々。

社会的感情は依存的欲求ではなく、自立的欲求を持っている人に生まれる。

社会的感情とは情緒的成熟から生じる感情のことである。

つまり人生の問題は情緒的成熟なしに解決できないというのがアドラーの主張であると私は解釈している。

人生の諸問題は情緒的成熟なしに解決できない。

アドラーは人生の問題を解決するのに、社会的関心は不可欠であると述べている。[*65] 犯罪者、ノイローゼや脱落者、性的倒錯者などいろいろな問題を起こす人は「他者に対する関心」がほとんどない。すべての犯罪者は社会的関心を欠いているとアドラーは述べている。[*66]

その社会的関心が今の日本の若者にはなくなってきている。その恐ろしさである。

人生の問題を解決できないでいよいよ内にこもる。

あるいは犯罪者にとって、自分以外のものはこの世に存在しない。[*67]

その重要な社会的関心を生み出すのが母親との接触である。[*68] いつも親から叱られていると人は他者に無関心になる。

自分の感情を開示する

自分の感情を開示するか開示しないかということは痛みにも影響する。

これまでのストレスについて感情を書くことで開示する方が、開示しない人に比べて、疲労が少なく、よりエネルギッシュになれる。そして日々の生活に幸せを感じられる。

一六〇人の患者さんについて調べてみると、痛みを受け入れている人の方が、幸せ感は強い。痛みでさえも「痛みを受け入れる」と和らぐ。つまり痛みを心配するとかいう直接的なことばかりでなく、憂鬱になりにくいとか、より活動できるとかいうことにまで影響する。[*69]

それはシーベリーの言う「不幸を受け入れる」ということにも通じる。

さらに私は、アドラーの言う「何事も当たり前と思うな」ということにも通じると思っている。

痛みのないことを当たり前のことと思うか、ありがたいことと思うかである。

痛みのないのが当たり前のことと思えば、痛みはつらい。もちろん、痛みは誰にとってもつらい。痛みばかりではない。しびれだって何だって、体の不調は誰にとってもつらい。

しかし、どのくらいつらいかは客観的な痛みだけが影響するわけではない。


ある六十代の男性が脳梗塞になった。その後脳梗塞は治ったのであるが、いろいろな事柄について考え方が変わった。

それまでは六十代になり夜中にトイレに起きる回数が増えて嘆いていた。歳をとることだけが原因かどうかは別にして、夜中に度々起きることで、睡眠は妨げられる。その男性は夜中のトイレを嘆いていた。しかし脳梗塞を体験してから、自分でトイレに行けることがどんなに幸せなことかに気がついた。

彼は自分で起きて自分でトイレに行けることが当たり前と思っていたが、そうではないと分かり、夜中のトイレは嘆きから感謝に変わった。アドラーの言うように何事も当たり前と思うなということである。

最も不幸なのは完全主義者と欲張りである。恵まれていることを当たり前と思うばかりでなく、さらにその上を望む。

落ち込んだ時、あなたの気持ちをくみとってくれる人はいますか

人は落ち込んだ時にそう簡単に立ち直れるものではない。愉快な感情、ポジティヴな考え方をどうしても拒絶しがちである。この傾向を乗り越えるためには人との心のふれあいが必要である。

人は心がふれあうことで鼓舞される。

「頑張れ、頑張れ」と叫ぶのも大切だが、それは状況を考えて言わなければならない。「頑張れ！」と言う前に、人とふれあうことの大切さを忘れてはいけない。

心のふれあいのない人から「頑張れ！」と言われると腹が立つこともある。

オーストリアの精神科医ベラン・ウルフは劣等感の治癒の方法は「仲間の人たちのほうへ橋を架けることのなかに、そして勇気を持って人生を肯定することのなかにあるのだ」[*70]と述べている。

勇気を持って人生を肯定するということは、勇気を持って自分の心の壁を壊すことである。

アメリカの精神分析医フロイデンバーガーも燃え尽きを防ぐためには、人と親しくなるということを述べている。

マズローは自己実現している人は少数の親しい人を持っているという。

いや二十世紀の偉大な心理学者や精神科医のアドラーも、エーリッヒ・フロムもフロム・ライヒマンも皆、同じように人が心理的に正常であるために社会への関心や親しい仲間が必要であることを強調している。

本当は仕事や周囲の人が嫌いなのに「嫌いになるべきではない」という規範意識で頑張った社長がいた。そして頑張りたくないのに「頑張るべき」と思って頑張って生きていた。

その社長はうつ病になった。立派な人に見えるが、孤独で誰とも心がつながっていなかった。

この社長に、「頑張れば、会社を再建できる」と言うのは見当違いな励ましである。このような見当違いの励ましはこの社長をもっと絶望の淵に追いやるだけである。

アメリカの心理学者シーベリーは「失敗するのは、事実を拒み、事実を事実として認めようとしないからです。それを認めれば、それらをただす方法も見つかる」[*71]と述べている。

この社長に必要な人は、「頑張れば、会社を再建できる」と言う人ではない。「社長、本当は会社も何も皆嫌いなんじゃないの」と、気持ちをくみとってくれる人である。そして「もう無理するな」と言ってくれる人である。

この社長は本当の自分の感じ方を認めないから「なんでこうなるのかが分からない」。進んであるがままに自分の感じ方を受け入れれば状況は好転する。それは自分の内なる力が解き放たれるからである。

「状況を受け入れる――これが状況に対処する第一歩です[*72]」とシーベリーは述べている。

ストレスで生きることに疲れて、落ち込んでいる人は、まず自分の心を癒やすことを考えることである。

とにかく癒やされる相手を探すことである。王様でもホームレスでもいいから無欲の人を探す。人でダメなら動物でよい。

今までの周囲の人とは価値観が大きく違っている人を探し、つきあってみる。つらかった身の上話を聞いてくれる人を探す。

ただ「頑張れ!」と言うことが励ましと思っている人よりも、「あなたはそれほど苦労したのねー」と聞いてくれる人である。

れる人である。

「俺、仕事遅いから」という言葉に「一生懸命頑張っているものね」と気持ちをくんでく

ある論文[*73]にセラピストの励まし合いの話が載っていた。

「生まれながらに楽観的ではない私たちは、相手がより明るい面に目を向けるよう助けあっている。ネガティヴな考えにとりつかれたら、もっと大局的な見方を提供しあおうと言い合っている。

また、もっと別の解釈のしかたがあることや過去にうまくいったこと、今後の計画を相手に思いださせることにしている。

私たちは互いのセラピストとはとても言えないが、こんなふうに互いに励まし合うように努めてきた。そして、それが、互いがより楽観的であるために役に立ってきたと断言できる。

楽観的な人間になりたければ、ひとりぼっちでそうなろうとしてはいけない。」

人は落ち込んでも、親しい人がいれば回復できる。

もし落ち込んだ時に、自分の気持ちをくんでくれる親しい人がいないなら、今までの生き方を根本から見直す時である。

落ち込んだ時こそ、自分の人生を見つめ直す時である。そうしたら今の絶望が節目となって、先に行ってその人の人生は大きな花を咲かせる。

怒りが戦うエネルギーに変わる瞬間

大切なのは、心の底で表現できないで蓄積されている怒りのエネルギーを勇気に変えることである。

嫌いな人がいる。誰にも「自分にとって苦手な人」という人がいる。しかしそのような相手でも「自分はなんとか対処できる」と思えば、その人と会っていてもストレスが比較的少ない。

誰にも「怖い人」というのがいるであろう。しかし怖いからといって逃げればその人は余計「怖い人」になる。

カール・キュール（Karl Kuehl）という野球監督の書いた「メンタル・タフネス（Mental Toughness）」という本[*74]がある。そこに載っていた話である。

ヤンキースのボブ・ゲレン（Bob Geren）は、キャッチャーとしては評価されていたが、バッターとしては評価されていなかった。

ボブ・ゲレンは右投げの投手は「自分にとって苦手な投手」だと思っていた。彼は右投げの投手をそれまではあまり打てなかった。

一九八〇年、テキサス・レンジャーズの右投げの投手ノーラン・ライアンとの闘いは、彼の履歴の中で、真の挑戦であった。彼がノーラン・ライアン投手と対決するようになった時のことである。*75

テキサスに試合に行く時に、テキサスの試合には彼の家族や友達がたくさんいるけれども、彼は「自分は使われないだろう」と思っていた。それはその試合にはノーラン・ライアン投手が投げると思われていたからである。

彼は左投手の時にだけ試合に出場していた。ところが彼はスターティングメンバーに入っていた。彼はショックを受けた。

その夜は、ボブ・ゲレンは右投げの投手であるノーラン・ライアンと対決することになった。ボブ・ゲレンは「なぜ、この僕が？　なぜ今夜？」と思った。ボブ・ゲレンは今まで一度もノーラン・ライアンと対決していない。

その試合で最後に彼は完全に困惑した。

ノーラン・ライアン投手はその日はすごいカーブを投げて、調子がよかった。

彼は怖かった。おびえていた。最初の二回はなんと彼は三球三振であった。

そして三回目のバッターボックスを前にして何が起きたか。

ランナーは一塁二塁にいた。彼の前のバッターはケリーだった。ノーラン・ライアン投手は一塁が空いていないにもかかわらずケリーを歩かせた。

満塁だから代打でよい。しかし監督はボブ・ゲレンを使った。

ノーラン・ライアン投手に完全にバカにされていた。

その時ボブ・ゲレンは怒った。怒りが勇気に変わった瞬間である。

そして彼は決断をした。

そのライアン投手の態度が彼を決断させ、打つことに彼の注意を集中させた。何かに集中すること、それが本当の意味で「真面目」ということである。

そしてなんと彼はセンター前にヒットを打った。それでも彼はまだ怒っていた。そして次の打席で彼はホームランを打ったのである。

人から軽くあしらわれた時に、誰でも怒る。

その人を自分が相手にしていなければ別である。自分が相手にしている人から軽くあしらわれれば怒る。「こいつはオレをバカにしていたのだ」と知った時に怒る。

その怒りの感情こそ大切なのである。それが怒りのエネルギーを前向きの戦うエネルギーに変えることができる。

怒りで威嚇をはねのける。バカにされていたということを知って「悔しい」。その悔しさこそ戦うエネルギーである。

彼はライアン投手に威嚇され、おびえていた。打てないと思っていた。そしてまたバカにされた。また屈辱を味わった。

その「悔しさ」こそ、戦うエネルギーなのである。その戦うエネルギーこそおびえた人間を、勇敢に戦う人間に変える。

彼は正直に言って「私は威嚇されていた」と言っている。彼はノーラン・ライアンという投手が怖かったのである。

怖い人の前では誰でもすくんでしまう。ある人の前では自動的にすくんでしまう。ハーバード大学のエレン・ランガー教授の言葉を使わせてもらえばマインドレスネスである。

彼は屈辱を体験して怒り、その怒りは彼の恐怖感を打ち消した。

左投手だけに使われていた彼が、ここで変わった。ウサギがライオンに変わった。

それまで彼は恐れていた。しかし彼はその恐れをエネルギーに変えた。屈辱をエネルギーに変えた。

そのおびえていた彼が玉を打つことに集中した。ライアン投手に注意が行くのではなく、球を打つことに彼の注意は集中した。そうさせたのはライアン投手の、彼に対する蔑視である。

軽く扱われ、蔑視され、バカにされ、それでもおびえている。そういう人がいる。その威嚇する人が本当にライオンならおびえるのもまだ分かる。しかし多くの場合、その蔑視している人は、ちょろちょろしているネズミである。ライオンのぬいぐるみを着たネズミである。

ライアン投手の場合にはネズミではないだろう。しかし多くの場合、おびえている人を蔑視してバカにしている側はネズミである。

そしてバカにされておびえている側は実はライオンである。

相手はウサギなのに、相手をオオカミとして扱うから、相手はオオカミになってしまう。

著者は、彼の怒りは、彼の恐怖感とライアン投手の威嚇を飲み込んだという。怒りが恐怖感を圧倒したと書いている。

これはレジリエンス（回復力）でもある。つまり環境に負けない。状況に飲み込まれない。厳しい状況で自分を見失わない。

友人知己の前で軽くあしらわれ、屈辱を与えられて彼は怒った。その怒りこそ彼に「自分はライオンなのだ」と気づかせてくれたのである。

これを可能にしたのは監督との関係であろうと私は思っている。

つまり誰かの信頼があれば、プレッシャーを前向きのエネルギーに変えられる。

敵がこれほどまでに自分を軽く見ていたのに、監督が自分を使ってくれた。それが彼に力を与えたに違いない。監督は自分を認めてくれた。

「威嚇者たれ！」

これが「泣ける」ということの喜びである。

これが「死んだ気になって」ということである。

それがエネルギーになる。

この話の最後に著者は「威嚇者たれ！[*76]」と書いている。

五十年にわたって野球界に生きた著者のカール・キュールは、「精神的にタフな人は威嚇されない、彼らは威嚇する[*77]」と言っている。

そしてその精神的タフさは生まれ持ったものではなく、学習するものである。

「威嚇者たれ！」

この言葉は精神的にタフではないうつ病になるような人には大切な言葉である。肝に銘じる言葉である。

ストレスに弱いうつ病になるような人は「自分は狙われたのだ」ということをハッキリと自覚することである。うつ病になるような人は、元々はものすごい才能と力を持っている。素晴らしい人間である。資質としては素晴らしい。決して弱くはない。だから小さい頃狙われた。そして「お前はダメな人間だ」と思わされて搾取された。

何も持っていなければずるい人達に狙われることはなかった。勤勉、真面目な態度、やさしさ等々素晴らしいものを持っているからずるい人達に狙われた。利用できるものを持っていたから狙われた。

ストレスに弱いうつ病になるような人は小さい頃からいつも責められて生きてきた。だから、自分のやさしさを弱さと錯覚しただけである。

元々はやさしくて強い人間である。しかし小さい頃から「お前はダメな人間だ」と思わされて生きてきた。「私はダメな人間だ」と思っていることが、周囲の人にとって都合がよかった。

小さい頃からいつもトラのぬいぐるみを着たネコに威嚇されて生きてきた。だからいつもビクビクして生きてきた。いつも何か悪いことをしているような気持ちで生きてきた。トラのぬいぐるみを着たネコにおびえて生きてきた。

おびえが次第に広がっていく。「自分の側にいたネコ」に対するおびえから周囲の人すべてに伝染していく。周囲の人すべてにおびえるようになってしまった。

何も悪いことをしていないのに、一度として堂々とした気持ちにはなれなかった。堂々とした態度にはなれなかった。

おびえている人は、悪いことをしていないどころか、いつも周囲の人に献身的な努力をして正直に生きてきた。それなのに心の中では自分の存在に負い目を感じていた。

それは負い目を感じていることが周囲の人の利益にとって都合がよかったのである。力があるのにおびえている。ずるい人にとって、こんな美味しい存在はない。

ストレスに弱いうつ病になるような人は「自分は、本当はトラなのに、ネコと思っておびえながら生きてきた」ということに気がつかなければいけない。

いつも威嚇されておどおどしながら生きてきたことに気がつかなければいけない。

その原因は周囲の人のずるさにあるが、同時に自分を裏切り続けた本人にも原因がある。

悩んでいる時には、それを心の中から取り払う時なのである。神様が「取り払え」と言っている時である。

そのための言葉が「威嚇者たれ！」である。

そしてそのために必要なことは、自分を蔑み、威嚇した人を憎むことなのである。「あいつを許さない！」という気持ちである。

ストレスに弱いうつ病になるような人は、だいたい「人を憎むことは悪いことです」と教えられてきた。それはずるい人にとって都合のよい倫理だからである。この倫理があれば、ずるい人は悪いことをし放題である。その上に憎まれない。

善良で弱い人は、この倫理に心を縛られて、人を憎めない。「あいつはオレの敵だ」と思えない。そう思うのが怖いのである。

しかし小さい頃から自分を蔑み、自分をいいように利用したずるい人達を「敵」としっかり認識しない限り、ストレスに強いハーディー・パーソナリティー（Hardy personality＝ストレスに強い特性）にはなれない、レジリエンス（回復力）のある人にはなれない。心の絆感ＳＯＣの高い人にはなれない。

怖くて「あいつはオレの敵だ」と思えない人の傾向が、まさに逆境を自分への挑戦と受け取れない人の傾向なのである。

ストレスを自分への挑戦と受け取る、これがはじめの方で説明したスーザン・コバサのハーディー・パーソナリティーである。

うつ病になるような人は周囲の人から骨抜きにされたのである。そして舐められ搾取されることを自ら受け入れてきた。その結果、逆境を自らへの挑戦と受け取り、それを乗り越えることに意味を感じる人間ではなくなった。

「威嚇者たれ！」という言葉は、敵に対して「あいつはオレの敵だ」と思えるような人間になれということである。

ただここでも一気に威嚇者になれるわけではない。今までの生き方は一気には変わらない。今までの自己イメージは一気には変わらない。

むしろ「威嚇者たれ！」という言葉は、今の段階では、自分は今まで威嚇されながら生きてきたということを反省するための言葉である。

自分は、質の悪い人、そして本当には力のない人間に威嚇されて生きてきたということをしっかりと認識することである。

ずるい人の脅しを真に受けてはいけない

ある本の中に感情をどのように健全にリードしていくかということについて、述べられている箇所がある。[*78]

一例をあげればバブーンという獰猛なサルがいる。そのサルの中にストレスに耐えられないサルとストレスに耐えられるサルがいる。

ストレスに耐えられないサルとストレスに耐えられるサルのどこが違うかというと、ストレスに耐えられないサルは脅しと脅し以外のジェスチャーの区別がつかないことである。そのサルがストレスにおびえているかどうかはストレス・ホルモンのコルチゾールで判断している。

ストレスに耐えられない人は、まさに脅しと脅し以外のジェスチャーの区別がつかないのだろう。

ストレスに弱い人は、ずるい人の脅しを見抜けない。相手を見抜けない。脅している人も実は不安なのである。脅している人自身が実は、ストレスにおびえている人なのである。ところがストレスに弱い人は、そのストレスにおびえている人の非難罵倒を真に受ける。

ストレスに弱い人は本当の危険と単なる脅しの区別がつかない。

ストレスに悩む人は、質の悪い人と質のよい人の区別がつかない。

ストレスに悩む人は、ずるい人に脅されて生きてきて、結果として、ハーディー・パーソナリティーでない人、SOCの低い人になってしまった。つまりストレスに弱い人になった。

ただここでも反省すべきことはある。質の悪い人と質のよい人の区別がつかないのは、自己執着が強いからである。

自己執着の強い人は、自分の心の葛藤に気を奪われて、周囲の人に注意が行かない。

ストレスに弱い人、うつ病になるような人は、周囲の人のためになりながら、逆にいつも周囲の人の負担になっていると気がつかない。錯覚して生きてきた。そして心身共に消耗し、今うつ病になりそうになっている。

今、ストレスに弱い人、うつ病になるような人は、自分のイメージを一新する時である。うつ病になるような自分に誇りを持つ時である。

真面目でやさしくなければ周囲のずるい人は、その人を狙わなかった。なぜなら利用価値がないから。

やさしくなければ、誰もその人を不満のはけ口にはしなかった。その人はやさしいから周囲の人のマイナスの感情のはけ口にされたのである。

ストレスに弱い人、うつ病になるような人が変えなければならないのは、自分という存在そのものではない。ストレスに弱い人は「もっと体力があったら」とか「もっと才能があったら」とか思うかもしれない。

しかし幸せになるためには、体力も頭のよさも何も必要はない。変える必要があるのは

自分のイメージである。

小さい頃からずるい人に「よってたかって」たたき込まれた自分のイメージである。

ストレスに弱い人、うつ病になるような人は心の底でおびえている。心の底で自分は弱いと思っている。だから時に虚勢を張って力のあるフリをする。

虚勢を張っても心の中ではいつもおびえてビクビクしている。

しかし誰がその心の底の自己イメージをつくったのだろうか？

たとえば、ある人が今ストレスに弱い人であるとする。誰がその人に「私は弱い」というイメージを与えたのだろうか？

そのイメージが正しいという証拠がどこにあるのだろうか。そもそもその人にそんな権利や能力があるのだろうか。

その人は今まで幻想の世界で生きていたのである。

ストレスに弱い人、うつ病になるような人は、怖くて自分の権利を主張できない。

しかし世の中には自分の権利ばかりを主張して義務を一切無視する人がいる。いや、権利がないのに声高に「権利」を主張する人がいる。

自分の家が違法建築なのに、他人の合法的な家を指さして「この家は違法建築よ！」と叫ぶ人がいる。すると合法的な建築の家に住んでいる人が、自分は違法な家に住んでいると思っておびえてしまう。

自分が、ある人から借金を踏み倒しておいて、「あの人にお金をふんだくられた」と大声で叫ぶ人がいる。すると借金を踏み倒された方の人は、気が弱いとどうなるか。借金を踏み倒した人におびえだす。

とにかく世の中には信じられないようなひどい人がいる。そういうとんでもない人に、うつ病になるような人は威嚇されて生きてきたのである。

小さい頃に絶望感を味わうとレジリエンスのない人になる、ハーディー・パーソナリティーでなくなる、SOCが低くなり、ストレスを感じやすいパーソナリティーになる。ストレス耐性のない人になる。そしてその後は自分で自分をさらにストレスに弱い性格につくり上げていってしまう。

ストレスに弱い人、うつ病になるような人が今味わっている感情は、単に幼児期に体験した悲しみや屈辱感を再体験しているだけではないのか？

だからSOCの高い人間、レジリエンスのある人になるためには何よりも小さい頃から受け続けた破壊的メッセージを心の中から洗い出すことなのである。

高いSOC、高いレジリエンス、ハーディー・パーソナリティーとは簡単に言えば精神的たくましさでもある。「心の砦」をつくることである。

「心の砦」がなければ、現実の社会は生き抜けない。

心を磨くたった2つの方法

生きがいとは積み重ねである。一つ一つの問題を解決することで、人生に意味が出てくる。執着性格者は十年経っても同じことを言っている。

もう一つ執着性格者の悲劇は、自分で置いた基準を永久に満たせないことである。

何もしないでいると価値を感じられない。しかし必要な自信を満たしてくれるはずの仕事は、どんなにやっても足りない。

執着性格の本質的悲劇は、心の底に拭いがたい憎しみと空虚感を持っていることである。

つまり「心を磨く」ということは憎しみを心の中からとることである。そのためには自分に正直になること。

第一に自分に正直になり、視野を広げること。

視野を広げ自己実現をしていれば、心の中にぽっかりと穴が空いた虚無感に襲われることはない。

失敗しても、「どうすればうまくいくか」を考えられる。

つまり「心を磨く」ということの第二は結果ではなく過程に目を向けることである。

幼稚園から始まって学校教育では、目標を達成する過程よりも、目標そのものが重視される。その結果、靴ひもの結び方からハーバード大学入学にいたるまで、わき目もふらずもっぱら成績だけを追い求めるようになるとハーバード大学のエレン・ランガー教授は述べている。

そし結果だけを重視すれば、どうだろうか。「自分にはできるだろうか？」あるいは「もしできなかったら、どうしようか」という不安になる。

エレン・ランガー教授によると、クレヨンの色、紙の上のデッサン、絵筆の下から表れてくるさまざまな形を楽しむ代わりに、Aという文字を「正確」に書くことだけに注意を向けるようになる。[*79]ランガー教授の調査でも、子ども達が楽しんで字を書くことと、綺麗に正確に書くことが両立しないことが分かった。

つまり結果に意識を集中させると、過程に意識がいかない。

それよりも恐ろしいのは結果重視の考え方が長らく続くと、その人の性格は変わっていくということである。もっと分かりやすく言えば注意力が散漫になる。ということはさらに柔軟性を欠き、応用力のない人間になるということである。

結果重視の考え方はある短期間をとって見れば効率的に見える。しかし長い人生を考えると決して効率的な生き方ではない。長い人生ではいつか大きな挫折の原因になる。

過程重視は能率が悪い生き方のようだが、長い人生では最後の勝利をもたらすものである。最後に大切なのはその人の性格である。

第6章

「自分を正しく知ること」が幸せの第一歩

――なぜ、そこで動揺するのか

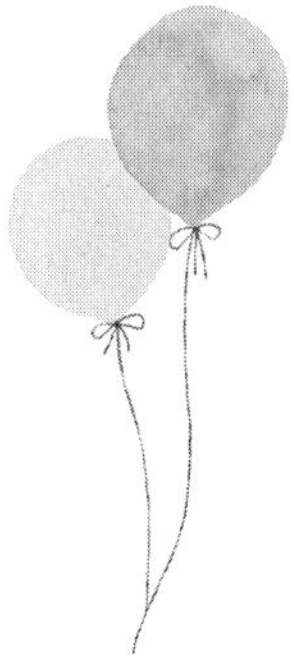

「心の動揺」は自分を理解するための情報

人の批判で心の動揺があった時には「自分にはまだ本当の自信がない」と理解する。つまり心が動揺したということは、自分を理解するための情報である。

マイナスの感情は、自分を理解するための情報と受け取ることが大切である。

嫌われることを怖がる人がいる。しかし嫌われて落ち込む前に、「なぜ自分は嫌われるのが怖いか？　なぜ自分は嫌われるのか？」を考えてみればよい。

嫌われる人、拒絶される人は、たいてい相手の立場や相手の気持ちを考えていない。

相手は一人で食事をしたくて、一人で食事をしていたい時に「一緒に食事をしてもよいですか？」とテーブルの前に座ろうとするような人である。

そういう人は嫌われる人、あるいは気味が悪いと思われる人である。相手はそれほど親しくない人なのに、ものすごく親しい人と同じ言葉を使ってしまう。あるいは親しい仕草をする。

嫌われることで、なぜそこまで深く傷ついたか？

なぜそこまで「現実の自分」と「理想の自分」が乖離《かいり》したか？

それを考えることは苦しい。不愉快な気持ちに悩まされた時には、相手を罵倒するのが一番楽である。

しかし「なぜそこまで深く傷ついたか？」と思えれば、次のようになるだろう。

それは孤独だったから。励ましてくれる人がいなかったから。人とコミュニケーションできなかったから。

不安な人は、そこで復讐的勝利へと道を歩みだす。そうして生きる道を間違える。

だから本当の意味で心の傷を回復するためには人とコミュニケーションできる人間になることである。復讐的勝利を目指して頑張ることではない。

自分の感情を正しく理解する性格「ACE性格」とは

ストレスのバッファーとなるSOCと同じような概念に、ACE性格と言われるものがある。

ACE性格とはどういう性格か？　それは次のような心の作業をする性格である。

怒る前に、「なぜ？」と考える。

なぜ自分はこの感情を持つのか？

両親が離婚をした女子高校生。名前は良子と言った。彼女は母親と一緒に暮らすことになった。

そしてある時期「私はもう大丈夫だよ」と母親に言った。それは離婚をした母親が恋をした時である。

その女子高校生が「お母さんが、私のことを『良子！』と騒ぐのは、お母さんは恋人とうまくいっていない時なのだから」と言った。

お母さんの恋愛はうまくいっていない。幸せならお母さんは騒がない。その子は、母親の症状と、その原因を結びつけることができた。

そう理解すれば、娘であるその高校生も落ち着く。自分の不満とその原因を関連づけられて、彼女の心は落ち着いた。

お母さんに服を片づけるように言われる。その子は腹が立つ。「自分ばっかり恋人と楽しんで」と面白くない。ある人が「いつか復讐する。そう思えばいいでしょ」と言ったら、その子は落ち着いた。

どう解決するか分かったから落ち着いたのである。つまり対処法が分かった。

前にも書いたように、計画を立てると心は落ち着く。

「面白くない」ということは、感情が整理されていないということである。感情が整理されていないとは、この不愉快な感情が何と関係しているかが理解できていないということである。

不愉快な感情と本当の原因がつながったときにスッキリする。それがACE性格である。

マズローは、神経症は基本的欲求が満たされていないと言う。その通りであるが、もっと分かりやすく言えば、基本的欲求が満たされていないということに本人が気がついていないということである。

つまり神経症者は自分が全く分かっていない。自分が何を望んでいるのか？　自分は何が不満なのか？　自分はどうしたいのか？　自分自身がそれらのことを全く分かっていない。

自分はなんで生きるのがこれほどつらいのか、なんで毎日が楽しくないのか、なんで毎日心が穏やかでないのか、なんで毎日こうもイライラするのかなどが全く分かっていない。

そして自分がイライラしている原因は自分にあるのではなく、周囲の人が「けしからんから」と思っている。つまり自分の心が原因でイライラしていることを認めない。

ＡＣＥ性格でない人は、自分が原因で心が穏やかでないことを認めない。周囲の人が「けしからん」ことが、自分のイライラの原因だと思っている。

「自分はなぜ、毎日楽しくないのか？」と考えれば道は拓けるのだが、そうして自分を見つめることはない。周囲の人が間違っているから自分は生きるのが楽しくないとしか考えられない。

ＳＯＣの三つの要素のうちcomprehensibility（現実把握感）はＡＣＥ性格と共通している。たとえばＡＣＥ性格の人は、「おれは大物だ」というように意識していないし、そういうような態度を取らない。それだけに感じるストレスは少ない。

逆に自分の感情を抑圧する抑圧的対処者は、ストレスが強い。「おれは大物だ」というように意識していても周囲の人は、その人をそう扱わない。そうなれば不愉快である。日々ストレスに苦しむ。

自分のことに注意を向け、症状や感情を的確に知ることが大事であるとＡＣＥ性格について述べているシュウォルツ教授は言う。

ＡＣＥ性格の人は、心がさまざまな情報に対して開かれている。ＳＯＣで言えば、まず最初の「理解する」である。

この論文の著者は症状や感情を的確に知ることと述べているがACE性格にしろ、ハーディー・パーソナリティーにしろ、SOCにしろ、共通するのはとにかくまず冷静に正しく事態を理解することである。それが重要であるという点では同じである。

正しい解釈とは、正しく因果関係を把握するということである。

ただ、これは「言うは易く、行うは難し」である。正しく解釈するのには、心理的な抵抗がある。正しい解釈が、その人の自我価値を傷つけるからである。しかし、ここは避けて通れない。

ACE性格になれれば、自己実現している人になれる。

SOCという概念で説明をすれば、SOCの低い人は自分の状況を正しく理解し、適切に対処できていない。

不愉快な気持ちに注意を向け、自分を知る手がかりにする

ACE性格とは次のようなものである。

ACE（Attend, Connect, Express）の要因は、「注意を向け、つながりをもち、表現する」である。

シュバルツ教授が一九七三年にハーバード大学で心身の関連を初めて講義した時には、こうした問題についての資料がなく苦労したという。

主要な大学でこの種の講義が行われるのは初めてでもあり、興奮するものがあった。そのため登録学生も多かった。

学生の期待は高かった。

彼の講義は水曜日の午前中だった。彼は心理的に疲れ果てていた。まるで難破船のようであった。

彼は火曜日に講義の準備をするのだが、水曜日の朝には胃は燃えるように痛かったという。その胃の痛みがまた心配を増幅させた。

彼はいろいろな精神安定剤を飲み始めたが、それは一時的な安定しかもたらさなかった。悪循環で薬の量は増えていった。

彼は、情報が効果的に伝達されれば人間の器官はうまく機能する、と信じた。

胃から今の仕事はきつすぎるという情報が届いている。この情報を無視するか、注意するかである。

シュバルツ教授は「この感情に注意をし、それを意識に乗せ、それを表現する。そうすれば心と体のバランスは回復する」という。*80

シュバルツ教授は胃の痛みを含めてさまざまな症状や感情を、私たちが注意を向けなければならないフィードバックとして受け取り始めた。[*81]

その通りである。そうすることでストレスはハンドルできるようになる。

しかし現実には愛情飢餓感が強ければなかなかそれができない。つまり認めてもらいたいという気持ちが強ければなかなかできない。

不愉快な気持ちになった時に、それに注意をして、そこから自分とはどういう人間であるかを知る手がかりにするというのは、難しいことである。

不愉快になった時に不安な人は、まず相手を責める。自分が不愉快になった原因は、相手の態度であり、相手の言葉であると、考える。

「私は君に不愉快にさせられた」と理解する。

その時に、相手に対する怒りを感じる。相手を非難する気持ちが湧いてくる。

「ああ、自分はこんなにも、人からほめられたがっているのだ、まだ心理的に幼稚なんだな」と、考えるのは難しい。

つまり不愉快という感情に注意を向けられても、それを自分の情緒的未成熟と関連づけることは難しい。

しかしこれができるかできないかが、その人の免疫力なのである。ストレス耐性である。

「感情の抑圧」は免疫力を低下させる

この体や感情のメッセージを遮断すると、心と体のバランスは崩れ、これが心と体に影響するという。[*82]

つまり免疫力のない性格になる。

彼の研究によると、感情はフィードバックする情報の一つであり、この情報を正しく受け取ると、ストレスにうまく対処できる。ストレス耐性は強化される。

シュバルツ教授はそれを「ACEの癒やしの力」と言う。ACEとは先に書いたようにAttend, Connect, Express（注意を向け、つながりを持ち、表現する）ということである。

それの逆が抑圧的対処である。ストレスを感じても、それを常に抑制していると、やがてストレスを感じなくなり正しいサインが出なくなる。

ダーウィンは、人は感情を顔で表すということを観察した。[*83] どこの国の人でも感情を同じように顔で表す。

一九七〇年代までに精密な装置のおかげでダーウィンの観察したことを確認できるようになった。[*84] 顔の筋肉の硬直性を測ると、その人が感じているストレスを客観的に測定できる。

シュバルツ教授はいろいろなデータを詳しく調べた結果、あるグループの人々に興味を注がれた。

それは、自分は全くうつ病とは関係ないと主張するグループである。彼らは悲しみと関連する筋肉がうつ病患者と同じように活発なのである。

また別のグループは「ほとんど不安はない」と言いながら、恐怖の感情を表す筋肉が「ひどく不安な人」と同じように活発なのである。

これらの人を、彼はスーパー・ノーマルとあだ名を付けた。

彼は、スーパー・ノーマルは嘘つきではないという。*85 その通りである。抑圧なのだから人に嘘をついているのではない。自分に嘘をついているだけである。

心臓の心拍数や血圧、脳波、筋肉の緊張とかいろいろな情報がある。それらの情報とその人自身が述べている感情とが全く乖離している。

それが抑圧である。

シュバルツ教授の言うＡＣＥ性格とは自己実現的性格である。

「注意する」とはもっと一般的に言うとどういうことであろうか。

確かに偏頭痛がするというような典型的なことについては、多くの人は注意する。

多数の人について調べると、本人はストレスを感じているという実感がないのに、たとえば顔の筋肉の測定ではストレスを感じていることがあった。

こうした人は常にストレスを抑えているために、ストレスがないように錯覚しているのである。こうした不一致があるのは、体の出すサインを見逃しているということであり、これがやがて不健康を引き起こすのではないか。

問題はこうした抑圧的対処者は次第に自分の本当の感情を意識する能力を失ってくるということである。

恐怖感のある人は、最も免疫力の落ちている人である。

あるいは「孤立と追放」を恐れている人は、最も免疫力の落ちている人であると言ってもよい。

もっと言ってしまえば愛されて成長した人は免疫力がある。

ACE性格の人は血糖値が正常であった。それに対してACE性格を欠いている抑圧的対処者は血糖値が高かった。

これは何を意味するか?

簡単に言うと次のような推測になる。

まず抑圧的対処者は痛みや否定的感情を抑圧していることで、その無意識の不快感はすごい。

この不快感を消すために脳はエンドルフィンを放出する。この多量のエンドルフィンが血糖値を上げる。

ACE性格は痛みに敏感ではあるが、敏感すぎることはない。自分の感情を意識しているが圧倒されることはない。そのことがエンドルフィンを適正なレベルに保っていると考えられる。[*86]

ACE性格を欠いた抑圧的対処者は、ストレスに際してストレス・ホルモンが血液中に多量の放出されているという証拠になる生理現象がすぐに表れる。

つまり心拍数や血圧や筋肉の緊張等である。

ストレス・ホルモンであるコルチゾールやカテコールアミンは免疫力を落とす。

これは心臓病や喘息や、アレルギーについても言えることである。

一九七〇年代に抑圧と喘息の関係が分かった。[*87] そこでシュバルツ教授は喘息の患者に外部のことから内部の感情のメッセージに注意を向けさせた。すると免疫力が改善して、喘息治療に効果があった。[*88]

同じことがリウマチ様関節炎の患者にも言え、いわゆる否定的感情を抑圧しているという。[*89]

糖尿病についても、患者をリラックスさせることが血糖値を下げる効果がある可能性があるという。[*90] ガンについても抑圧とガンの発達に関係があるという研究がある。ＡＣＥ性格者はガン細胞の浸潤に対する免疫力がある。[*91]

ストレスに苦しんでいる人は、ストレスや感情というサインを、正しく認識するＡＣＥ要因を備えた性質を持つべきである。

こう考えたシュバルツ教授は、心理テストをして性格パターンを分類し、その人たちが本当は感じているはずのストレスとの相関関係を調べた。

こうして性格が生理的現象に影響することを示そうとした。

その結果、ストレスを抑えるタイプの人は、心臓発作などの病気になりやすいことが分かった。

彼はＡＣＥの性質が免疫系に影響を持つことも生理学的に調べた。

すると、ＡＣＥ性格の人は免疫の過剰反応もなく、免疫系の調整がうまくいっていることが分かった。

自分のことに注意を向け、症状や感情を的確に知ることが大事である。

そうした性質をつくるためには、グループ・セラピーなどで話し合ったり、瞑想をして自分の心を静かに探ったり、イメージ訓練をすることなどが有効である。

ただ何度も言うように「注意を向け、症状や感情を的確に知ること」まではよいが、それを認められるかどうかである。

認めるよりも抑圧する方がどのくらい心理的に楽だか分からない。

第7章

「小さな心の習慣」で人生は大きく変わる

——あなたを解放し新しい道を拓くヒント

「私にはできる」が、あなたを解放する言葉

ある人が言った。

「僕、運がいいんですよ。人がする一生の苦労を、小さい頃に全部してしまいましたから」

励まされて成長する人がいる。

虐待されながら成長する人がいる。

運が強くなるためには、運の悪いことを受け入れることである。

「私にはできる」が、あなたを解放する言葉であるとシーベリーは述べている。

私はある時にアメリカでも日本と同じように生活の基盤をつくる必要に迫られた。その時に次々と悪徳不動産業者、悪徳弁護士、悪徳医師、を始め悪い人間が次々に目の前に現れた。

その結果、私は予期せぬ困難に見舞われた。そしてそれらの人間と次々に戦わなければ

ならなくなった。このように私はアメリカで次々にひどい目に遭っている時に、「必ず勝てる、必ずうまくいく、必ず成功する」と自分に言い聞かせ続けた。私は、無理してそう信じて戦った。もし少しでも「このまますべてを失うかもしれない」と思ったら途中で挫折していたであろう。いや挫折していたに違いない。最後の勝利を信じなければ、外国で逆境と戦い続けることはとても私にはできなかったであろう。

次から次へと襲いかかるトラブルに、自分は運が悪いのではない、「神が自分を鍛えているのだ」と必死で信じた。「柵からぼた餅」は決してその人のためにはならない。私は「この不運に鍛えられたからこそ、この成功があったのだという日が必ず来る」と無理して信じて戦った。その日を夢見て戦った。その日を信じて戦った。今のつらさはその日の勝利のためだと信じて戦った。

私は運が悪いのではない、私は運がいいのだ、それは最後に分かる、そう信じたのである。もしそう信じられなかったら長い間つらい戦いを続けることはできなかった。

肯定的なものに自分の注意を向けるか、否定的なものに自分の注意を向けるかで人間のエネルギー、忍耐力、闘争能力はまるで違ってくる。ダメだと思えばそれまでである。ダメだと思ったことでうまくいくこともダメになる。

ダメだと思ったことで心配は増大し、いよいよ不安になり、悩みは百倍にも増える。不安になり、心配し、悩むことで人間の能力は激減する。エネルギーは無駄に消費され、何も建設的な行動をしないのに人はたちまち消耗する。

逆に必ずよくなる、必ず勝利の日が来る、この困難や失敗があったからこそこの勝利があったのだと感謝する日が必ず来る、そう信じることで心配や不安は激減する。心配や悩みが解消することで、その人の能力は倍増する。

どちらに注意を向けるかで人生は決まる

シーベリーの言うごとく肯定的なものに注意を向けるか、否定的なものに注意を向けるかで、人の人生への関わり方全体が決まる。注意の対象が肯定的なものなら、人の内的な力は解き放たれ、性質も伸び伸びとして、地上での日々を建設的なものになるという彼の説は正しい。

「そんなバカな」と思う人もいるだろう。しかしよく考えてみれば分かる。もし否定的な面に注意を向けているビジネスマンがいるとする。彼は会社で心配し、イライラし、周囲の人とも衝突する。家に帰る。同じようにイライラし、家の者に当たる。怒ってばかりいる父親はだんだんと家族の中で尊敬と親しみを失う。家の中もうまくいかなくなりだす。

人との関係に消耗し、いつも不愉快で、仕事に集中できない。逆に同じように難局に際しても、肯定的な面に注意を向けるビジネスパーソンはどうであろう。明るい顔をしているから、会社での人間関係はうまくいく。彼を助けてくれる人も現れる。家に帰っても家族の者と遊ぶ。家は楽しい場所となり、家族は父親を慕う。家で余計な神経を擦り減らすこともない。ストレスで消耗することもない。エネルギーは仕事に集中される。それだからといって仕事がすべてうまくいくというわけではないだろう。しかしその人の能力は発揮され、少なくとも否定的な面にばかり注意を集中している人よりも成功の確率は高い。

暗い顔をして頑張るよりも、明るい顔をして働いている人の方が仕事はうまくいくだろう。そう考えるとやはり肯定的な面に注意を向ける人は内的な力が発揮され物事はうまくいくというのは、新興宗教のおまじないのようなものではない。

実際、人生にはそうした面はある。暗い顔をして頑張るくらいなら、自分の困難の肯定的な面に注意を集中して、気楽に働いている方が結果はいいに違いない。表面は無責任に見えても楽観的な人の方が結果はいい。

暗い顔をして必死の努力をしているビジネスパーソンが日本には多すぎる。暗い顔をして頑張るからかえって、困難から破局へ向かうこともある。悲観的なことばかり考えるがゆえに、むくわれない努力をしつつ消耗していくビジネスパーソンのなんと多いことか。

私がアメリカで次々とひどい目に遭った、たった1つの理由

たとえば私が次から次へとひどい目に遭ったアメリカである。どうして私だけがこんなひどい人間にばかり出会うのだと嘆いた。しかしよく考えてみるとやはり私の態度に問題はあった。私は初めてアメリカの不動産業者に騙された時に、誰か有能な弁護士に救ってもらいたかった。なんとか被害を最小限に食い止めたかった。「助けてください、私はこんなひどい目に遭った人間です」と同情を求めるような態度があった。そしてその結果は悪徳弁護士に付け入られて傷口を広げられてしまった。

「私は外国でこんなひどい目に遭ってしまった、助けてくれ」という哀願がその悪徳無能弁護士をして、悪事に走らせたのである。彼は、私を見て「鴨が葱をしょってやってきた」と喜んだのである。私はアメリカの不動産業者がうまく騙せた男である。その悪徳弁護士は「それならこの私も、こいつから甘い汁を吸おう」と思ったのである。

もしその時に私の中に哀願ではなく、戦う姿勢があったらその弁護士は私を「いい鴨」にしようとは思わなかったであろう。私に同情を求めるのではなく、毅然として戦う姿勢があったら、その弁護士はおそらく私とは関わらずに他の鴨を探していたかもしれない。

シーベリーは次のように書いている。「運命をしっかりと見つめ、（私の人生を支配してみろ）と挑むような人なら、その視線にあって運命の方で縮み上がってしまうでしょう」もし私が当時アメリカの悪徳無能弁護士に向かって、顔をしっかりと見つめ、（私の人生を支配してみろ）と挑むような人間であったなら、その視線にあって悪徳無能弁護士のほうで縮みあがって逃げていってしまったであろう。悪徳無能弁護士を私の元に引き寄せたのは残念ながらシーベリーの言うように私自身の弱さなのである。

そもそも最初のアメリカの不動産業者自身がそうである。「今、私はこんなに困っている、私は今こんな助けを必要としている」と手の内を皆見せて助けを求めていたのである。そうなれば「私があなたのその困難を解決してあげましょう」と私に近寄ってくる悪い人間がいても不思議ではない。

私はアメリカで追い詰められたぎりぎりのところでシーベリーを思い出した。そして自分に言い聞かせた。

「恐れてはいけない、注意を成功に向けよう、成功した日を夢見てその日が来るまで戦い抜こう」

アメリカでは人前で決して弱音を吐くまいと誓った。弱々しく助けを求めていれば悪いことは続いて起きる。「必ずうまくいく」、そう信じて戦い抜くことがすべてのことを解決する、私は自分にそう言い聞かせて必死で頑張った。

地獄の底まで行っても、そのうちに「必ずうまくいく」、そう思うことに決めた。そう信じることができれば事態は解決に向かう。逆に、「必ずうまくいく」と信じないで、ただ暗い惨めな顔をして頑張っていても物事はうまくいくものではない。

だいたい「必ずうまくいく」、そう信じている方が心も浮き浮きしてくる。毎日暗い顔をしていなくてもいい。笑う門には福が来るという。暗い顔をしてものすごく頑張るよりも、笑って暮らしている方が物事は好転していくものである。

ただ耐えるだけでは人生は好転しない

克服可能な悩みを前にしてただ耐えるだけでは何事も成し遂げられないとシーベリーは言う。否定的なものを克服するためには、肯定的なもの、積極的なものを見つけるのでなければならないとシーベリーは言う。

私はアメリカでのその困窮の中で一つの目的を見つけた。やがて将来アメリカで何か仕事をしよう。そのためには今このような困難と戦い実力をつけておかなければならない。

優秀な弁護士もたくさん知っておいた方がいい、アメリカでも日本と同じように人脈をつくっておいたほうがいい、そのためにはこれはいい機会だと思ったのである。

アメリカでの困窮の中で私は将来の肯定的な目標を見つけることができた。その肯定的な目標がどれほどその時の私の困窮を救ったか分からない。もしその時に肯定的な目標がなかったらどれほど陥っている困窮について心配していたか分からない。心配で私は神経症になっていたかもしれない。しかし「将来アメリカで仕事を始めるためには」という目的を見つけ出せたおかげで、心配は激減し、陥っている困難に積極的に立ち向かっていかれた。嘆いているだけで何もしないということもなかった、ただじっと耐えるということもなかった。一時はそれぞれ異なった専門領域を持つ弁護士を三人も頼み、その困難と戦った。

飛行機のライト兄弟である。なぜ成功したかにはいろいろな原因があるだろう。しかしその一つにやはりライト兄弟がそれを夢見ていたということがあるに違いない。「そんなことはできるはずがない」「そんなことは自分にはできない」と思えば、できなかったろう。

少年の日に、ベッドに寝ながら、ライトは空を飛ぶ可能性を夢見た（He lay awake in bed, as a boy, and dreamed about the possibility of flying.）。それが人類の歴史に大きな役割を果たしたのである。実際に飛んだ時よりも、その可能性を夢見た時の方が興奮したとライトは言っている。

「自分にはできる」という思いこそこの偉業を成し遂げさせた一原因であろう。人の人生にはそれぞれの偉業がある。偉業は人によって違う。しかし自分の可能性を実現するためにはやはり自分を信じ、夢見ることが大切なのである。砂漠の中で迷子になったような気持ちになることも人生には何度かある。しかし夢があれば努力することをやめない。

ヒンドゥー教の教えの中に「彼は不快であることを恐れもしないし、嘆きもしない[92]」という言葉があるそうである。

確かにたて続けに詐欺師に遭い、騙され続けたことは不快であった。しかし私はこれらの言葉を思い浮かべた。自分の不運を嘆いているということは自分がまだ心理的に成熟していないということである。自らの不運を淡々として受け入れて前向きに努力する。それが人の心理的成熟である。

「古代の哲学者たちの教訓にあるように、苦痛を無視するのではなく、苦痛を幸福に活用することで、苦痛を歓喜の源に変えることができる。[93]」

困難に直面した時に、その困難があるゆえに喜びもあるという面を探し出すことである。「自分はこんな生活がしたい」という生活をするためにはどうしてもこの困難を避けられないというのであれば、自分の望む生活に目を据えてその困難を乗り切ることである。

暗い顔をして頑張ってはいけない

ある暗い顔をして頑張っている教授が、世の中の在り方をしきりに批判していた。実力のない人が講演を頼まれて実力のある自分が頼まれないことを悲憤慷慨していた。「世の中はレベルが低い」と嘆いていた。「この世の中は知能的にひどい人ばかりが集まっている」と彼は世の中を軽蔑していた。

私はある時に講演をマネージしている会社の人に「どうして実力のある人に頼まないで、そうでない人気のある学者に頼むのだ？」と質問したことがある。すると講演をマネージしている会社の人は「暗い人はだめなんですよ、聴きに来た人が満足しないんです」と答えた。

講演会の主催者としては聴きに来た人に気分よく帰ってもらいたい。そこで話の内容も大切だが、聴きに来た人の気持ちも大切だという。そうなると明るい人に講演は頼むことになるという。「暗い人って、接した人がなんとなく気分がよくなくなるんですよ」と主催者は言う。

暗い顔をして頑張っている教授が間違っていることは、世の中すべて知性である「べき」と思い込んでいることである。頭がいいか悪いかが世の中のすべての価値である「べき」と信じ込んでいることである。頭がいいことが最高の価値である「べき」と信じ込んでいることである。

彼に望む仕事が来ないのは彼のその視野の狭さであるということを彼が認めないかぎり彼のところには彼の望む仕事は来ない。彼のせっかくの実力も世の中のために活きてこない。

シーベリーは「失敗は警告の赤信号。私たちの行動が正しくないことを教えてくれています。自分自身と向き合って、効果のあがらぬ原因を発見せよ、と失敗は示唆しているのです[*94]」と書いている。であれば失敗した時に「よかったー」と思うのが賢い反応の仕方である。

彼が心の底で求めている社会的成功をするために、彼に求められていたのは「もっと頭がよくなること」ではない。「もっと勉強すること」でもない。彼に求められていたのは陰気な性格を直すことだったのである。彼はその事実に直面することを拒否していた。だから彼はいつまでたっても彼が求めてやまない社会的成功が手に入らないのである。

彼が元々社会的成功など求めない本格的学者であったなら彼はもっと明るい顔をしていられたのかもしれない。しかし彼の場合は社会的成功を求めていたのである。そしてなんで実力のある自分に華やかな仕事が来ないのだと不満であったのである。自分が成功できないことをいつも彼は呪っていた。

ビジネスで成功したければ「悲観論者とはつきあうな」と運について書いた人が言っている。

八十代になってつくづく思うのは、人は能力ではなくて、人柄だということである。能力のある人はよく「あんな奴が出世して」と自分の不運を嘆いたり、腹を立てたりしている。確かにこの世の中では能力のない人が出世して、能力のある人が出世しないこともある。しかしいくら能力があっても性格の悪い人は、皆がその人にそのポストについてもらいたくないのである。

若い頃は能力を大切なことと思うが、幸福とか、幸運とかいう視点から人生を考えた時に、能力などは人柄に比べれば大して大切なものではない。

幸運も不運も「生き方の積み重ね」の結果

人は成功や失敗の直接の原因というのはよく分かる。しかし「日々の積み重ねの結果そうなった」という、隠された部分はなかなか理解できない。幸運も不運も突然来ない。

こうして幸運や不運の環境はできてくる。人はその場所とその時だけでそうしたことをしているのではない。他の場所や時でもそうしている。そうした行動をする心をその人は持っているのだから、他でもそうした行動をする。その結果そのような人の周りには質のいい人が集まらない。だから幸運もドアを叩かない。

私は大学で学生担当の教務主任という役職を長年していた。大学の学生に対する窓口のようなものである。その役職中いわゆるカンニングで捕まった学生がいた。ある年の三月である。卒業式が終わって自宅に帰ってみるとある学生と父親が玄関に訪ねてきている。言われて気がつくと私が学生担当の教務主任をしていた時にカンニングをした学生である。私はその学生は信じられると思ったので穏便な処置をした。停学処分にも退学処分にもしなかった。学生はそれをしっかりと覚えていて父親と共に卒業の報告に来たのである。

誰でも過ちはある。カンニングも学生は魔がさせばする。それは誰にでもあることである。しかし大切なのはそのフォローである。しっかりとフォローできる人は幸運をつかむし、フォローのない人は不運に向かって人生を歩む。その時その時に自分に都合のいいことばかりを選んで人を裏切っていくから、人生に積み重ねがない。

彼がある時に「私は不運だ」と言うかもしれないが、それは彼の日常生活の積み重ねなのである。不運な人はフォローが悪い。悪いというよりもフォローをしない。もう二十年以上も前のある学生である。彼は八年生であった。大学は八年間しかいられない。彼は卒業のためには私の授業の単位が足りない。今年卒業できなければ彼は卒業できない。彼は就職も決まっていると言った。彼は私の研究室に来てこれから一年間その勉強をするから単位をくれという。

私は彼に一年間の勉強のスケジュールを言った。どの月にどの本を読み云々というスケジュールをつくってあげた。そしてそれに従って毎月そのレポートを提出することができるかと訊いた。彼は「必ず」提出すると約束をした。提出しなければ「腕を切って渡す」とまで言った。私は若かったのでこういうオーバーなことを言う人は嘘をつく人だとは見抜けなかった。

彼はそれを最後に何の連絡もなかった。電話もかけてこなかった。もちろん卒業後彼は一度もレポートを提出しなかった。

彼はうまく先生をごまかせて単位を取れたと思っているだろう。運がよかったと思っているかもしれない。しかし彼は運の悪い人生を送っているに違いない。彼は私に対してばかりではなく、誰に対してもこうした不誠実な態度で接しているに違いない。

というのは私の助けが必要になっても彼は私のところにはもう来られない。彼は今まで接した人のところには行かれないような生き方をしてしまっているのである。こうして彼は毎日の生活が積み重ねられていかない。毎日の生活の積み重ねの上で来る幸運が彼には来ない。

「私の人生はどうしてこんなに苦しいことばかりあるのだ」と自分自身が招いた不運をただ嘆いている人がいる。

その困難や不運を招いたのは自分の過去の行いの集積であることには最後まで気がつかない。

「俺は運が悪い、あいつは運がいいよ」と愚痴をこぼす人に私は「あなたは十年前に何をしていましたか、二十年前に何をしていましたか？」と訊くことにしている。そして「運のいい彼はその時何をしていたと思う？」と訊くことにしている。

つまりその人の長年の生き様がその人の「運」なのである。毎日、毎日の行動の積み重ねが運なのである。

運と思っていることの多くは運ではない。それまでの日々の生活の結果に過ぎない。

運が悪いのは十年前の「ツケ」をその時払っているようなものなのである。毎晩酒を飲んでばかりいて午前様になり運動もしない人と、毎日栄養のバランスのいい食事をし、運動を心がけてきた人との間に十年後健康の違いが表れても不思議ではない。

ベラン・ウルフは「悩みは昨日の出来事ではない」と書いているが、名言である。幸運は今日の出来事ではない。今日までの生き方の積み重ねの結果である。

だから不運に遭った人は「あー、運がよかった」と思うことである。自分は今日までおかしな生き方をしてきた。それをこの不運な事件が教えてくれた。この不運な事件を機会に、生き方を変えようと思えばいいのである。そうすればその不運なことが幸運への扉を開いてくれたことになる。

しかし不運を恨んでまた同じ生き方をしていれば、いつになっても幸運は訪れない。

人に「形」ではなく「心」で何をしてあげたか

逆に同じことを始めてもうまくいく人がいる。それも「幸運」というよりも「貯金」である。古い言葉だが「徳を積む」という言葉がある。徳を積んで生きてきた人は「運」がいいに違いない。

「徳を積む」といっても二宮金次郎のように働くという意味ではない。たとえば素直な生き方をしてきたとか、接する人の気持ちをくんであげて生きてきたとか、人がその人といて気分がいいとかそういう意味である。「徳を積んで生きる」というのは「形」に表れた何かをしてあげたことではなく、心の領域で何をしたかである。

「失敗の中に、成功に関する情報が秘められている」。このことが分かるか分からないかが失敗を乗り切れるか乗り切れないかの一つの鍵である。暗い顔をして頑張っている教授がもしこのことを理解したら、彼は心の底で求めるものを手に入れられたのである。彼の失敗は彼に「お前の求めるものを手に入れるためには、お前の人柄が問題だ」と告げていたのである。こういう情報が秘められていたのである。他人のことを頭が悪いと軽蔑するよりも、自分の陰気な性格を改めることだという情報が秘められていたのである。

「俺には力があるのに出世しない」と不満な人というのは、たいていいつも不満な顔をしている。不満な顔が幸運を排除しているのである。不満な気持ちの人から何かをしてもらっても、してもらった人々は気分のいいものではない。不満な人は自分が相手に何かをしてあげたということばかりに気がいっているが、その時に自分が「どういう気持ち」でしてあげたかという心には注意を払わない。

人は自分の気持ちが癒やされる人が好きなのである。会っていて気持ちが癒やされる人には誰でもまた会いたがる。人は自分を気持ちよくしてくれる人にまた会いたがる。そういう人の周りには人が集まる。

「結果」ではなく「過程」に目を向ける

長年にわたって自分が周囲の人に意地悪をしておいて、幸運を期待するのはあまりにも自己中心的である。その身勝手さがその人を不運の人にするのである。

不運の人というのは不運の種を十年前か二十年前に蒔いている。その不運の種を蒔いた時に自分が不運の種を蒔いたという自覚がない。だからその種が生長してきた時に「突然不運に襲われた」と思うだけである。

若い時に不運の種を蒔いてしまった人は、中年はその「収穫の時期」である。だから覚悟して収穫をする。そうすれば次には幸運が回ってくる。

年を取ってから子どもの親不孝を嘆く人がいる。そして親孝行の子どもを持った人を羨む。「あの人は運がいい」と羨む。そして自分の不運を嘆く。しかし親孝行は結果であり、子育ては過程である。

あることを不運と見なすか「ツケ」と見なすかでその人の物の見方が分かる。不運と見なす人は結果で物を見ている。「ツケ」と見なす人は過程で物を見ている。

多くの人は、ダーウィンが『種の起源』を書いたという結果に注意がいって、その資料を集めるのに二十年かかったという過程には注意がいかない。だから人は羨むのである。

相手のそこに至る過程に注意を払わないのと同じように、自分がそこに至るまでの過程にも注意を払わない。

努力をしない人が、相手の過程に注意を払わず、自分の過程に注意を払わなければ不満になるのは当たり前である。

「妬む人」が誤解していること

過程に目を向けることが妬みの苦しさから免れる方法である。アメリカに今から約百年も前に、運についてカーソンという人が書いた興味深い本がある。幸運を呼び寄せるための十三の知恵とでも言うべき本である。

著者はすべてのことには理由があるという。ニュートンは林檎が木から落ちたときに「これには理由がなければならない」と知っていた。これがトップに立つ人達の質であるという。運についての本を書いたカーソンは世界で最も幸せな人は夢を持ち、その夢を実現させた人であると書いている。*95

私もその通りだと思う。私達はともすると幸せというのを「形」で考えてしまう。お金があるとか、会社を経営しているとか、子どもがいるとか、色々と形が整ってくるとそれが幸せと思いがちである。しかし本当に幸せなのは、それぞれ皆夢を持ち、その夢の実現に努力し、その夢を実現した人々である。

艱難辛苦《かんなんしんく》というのは外から見て、第三者が言うことで、本人は幸せだったと思う。幸せでなければこんな凄まじい努力は長くは続かない。外から見れば血の滲むような努力であるが、本人は生きがいのある毎日を必死で送っていたのではないだろうか。

むしろ不幸なのはしっかりした目標も、将来の夢もなく、毎日ブラブラして安易に生きている今の若者の方である。

世の中の人が幸運と言っているものはこの世にないという。カーソンは先に紹介した本のはじめの部分で一九二七年の最も幸運な人はリンドバーグだと書いている。

そしてリンドバーグとはどういう人であったかというと、航空技術のエキスパートであり、恐れを知らない人であり、危険に際して冷静さを失わない人であり、一つのことしか頭にない人であり、飛ぶことしか考えていなかった。彼はチャンスを見逃さず、自分以外のものに頼らない人であった。それが幸運なリンドバーグである。

つまり幸運が大西洋を横断させたのではないということである。


リンドバーグは一遍に航空技術のエキスパートになったわけではない。段階を追ってエキスパートになったのである。避けて通れないことを通ってエキスパートになったのである。

運がいいと人を羨む人は、物事には段階があるということを認めない。一遍にエキスパートになろうとする。そしてなれないと自分は運が悪いと言う。

世界一の金持ちで、世界一幸運という鋼鉄王カーネギーは最後まで鋼鉄に執着した。

人々は鋼鉄の仕事が好調の時のカーネギーにしか注目しないで、カーネギーを幸運と言う。しかし不況の時に元気を失わなかった唯一の男がカーネギーであるということには注目しない。不況の時には製鋼所の改良に努力していたカーネギーには注目しないで、好調の時に鋼鉄を売っていたカーネギーに注目して世界一幸運な男と言う。

カーソンは「幸運な人」ばかりとつきあったと言う。そしてその人々が幸運なのにはすべてきちんとした理由があったと言う。


ハーバード大学の心理学のエレン・ランガー教授は「他人の財産、業績、特徴などを私たちが羨ましく思う時は、私達はしばしば誤った比較をしている」と述べている。私たちはその結果をもたらした努力の過程よりも、むしろ人の努力の結果を見ていると言う。


今述べたように、運についていてカーソンという人が書いた興味深い本がある。

カーソンは運命を信じる人は怠け者で愚か者であるという。運命を信じる人々は自らのベストを尽くすことをしないための言い訳として運命を信じるのだという。座って不運を嘆いている人は、幸運が自分を見つけるべきだと考えて、自分が幸運を見つけるべきだとは考えていない。

渡るべき川に来た時に座って川の水がなくなることを待っていてはならない。橋をかけるしかない。座って川の水がなくなることを待っていた人が、橋をかけて向こう側に行き、幸運を見つけた人を見て、幸運の人というのである。努力と忍耐なくして幸運はありえない。

人知れず苦労をしていない人はすぐに物事を幸運とか不運とかで片づけてしまう。しかし幸運と見えても、うまくことを運ぶには陰でそれなりの「長い、長い努力や苦労」がいる。人の幸運を妬んでいる人は、たいてい自分が人知れず苦労をしたことのない人である。

「人生の消耗に耐えられる人は、幸運な人である」とカーソンは言う。困難のない人生などない。

イヤなもの、やりたくないものの中にチャンスがある

仕事はイヤなものと思い込んでいるサラリーマンがいる。発想の転換が必要である。仕事は自分を幸せにする。トラブルが起きた時に、それをイヤなことと思わないで、自分を幸せにするための一里塚と思うようにすることである。

何か問題が起きたら、悩んでいないで、これを解決するのが仕事と思って頑張ろう。解決することの中に好機がある。

アメリカでとてつもなく売れた本がある。H・ジャクソン・ブラウンという人の書いた小さな小さな、本と言っていいかどうか分からないようなホームスパンフィロソフィー（家庭の哲学）の本である。五百万部も売れているという。

私はこのブラウンの書いた本の訳と解説をする機会を得た。「A Father's Book of Wisdom」（『父から子へ贈る人生の知恵』）という本である。

このブラウンは好機を語るのが好きなようである。「チャンスがドアをノックしたなら、夕飯に招待すること」というのがあった。

チャンスがノックをしているのに、気がつかない人は案外多い。平たく言えば無気力な人はチャンスが何度ノックしても気がつかない。チャンスは家の中に人がいないのだと思って帰ってしまう。それなのに無気力な人は「チャンスが来なかった」と言う。

チャンスは仕事着を着て来るから仕事が来たので、チャンスが来たのではないと頭の固い人は思ってしまう時もある。

また先の本に「ボランティア活動をすること。誰もやりたがらない仕事には、しばしば大きなチャンスが隠れている」と書いている。

誰もやりたがらない仕事は穴場である。多くの人は固定観念に縛られている。妻はこうでなければいけない、男はこうである、等という固定観念で生きている。外で働くより家で料理をつくることが女の喜びという固定観念を持っている女性で、実は外で仕事をすることに向いている女性はたくさんいる。やってみれば楽しく、かつうまくいくことを失敗すると思い込んでいたりする人は多い。たいていの人が「食わず嫌い」なのである。だからこのような場合は穴場であることがたびたびある。

私が著作を訳したポーランドの哲学者であり、美学者であるタタルキェヴィチは次のように書いている。

「それぞれの性、それぞれの職業、それぞれの生活様式に独自の喜びがあるように、またその喜びと密接に結びついた独自の悲しみがある。部隊長は、兵卒には手の届かない喜びを味わうけれども、また、兵卒の全く与り知らぬ悩みも持っている。これと同じようなことが、他のことにもあてはまる。従って、財産や特権が増えれば増えるほど、喜びだけでなく、悩みも増えることになるだろう。なぜなら、より扱いにくいものが増えるからだ。[*96]」

社会的に成功して自殺した人がいることを忘れないように。

「うまくいかない時には周りを見ろ！」

新鮮な生き生きした人が周囲には集まらない。素直な人が集まらない。皆で僻《ひが》んで、人の悪口を言って時を過ごす。しかし楽しくはない。だんだんと自分が自分を嫌いになる。何か自分の人生は変だ、どこかおかしいと思いながら、しかしどうしようもない。周囲には同じような人達ばかりなのである。環境が悪い。すると人間は皆そういう人ばかりだと思う。

しかしどんなによい学校に行っても、人の悪口ばかりを言っていたのでは、周囲によい友達は集まらない。同じように人生に対して否定的な姿勢の人間しか集まらない。

明るい人には福が来る。しかしそのように人の悪口ばかり言っている人には安らぎがない。暗い。そこで同類の人を除いては人が離れていく。

暗い人には福が来ない。そして自分達のところには福が来ないことを恨む。しかし実は福を拒否しているのは自分達自身なのだということには気がつかない。悪口を言って自分達のどこがおかしいのかを正面きって見据えようとしない。そこのところに不運続きの原因があるということを理解しようとしない。

不運の原因は自分自身の周囲にいる人が原因であるかもしれない。あなたと同じように不満ばかり持って、愚痴を言って、人の悪口を言って、そして時を過ごしている人が多いのではなかろうか。

「うまくいかない時には周りを見ろ！」。自分が人脈と思っている人達こそが自分の不運の原因かもしれない。

人の悪口ばかり言う集団にいつまでも属していてはいけない。あなたの人生は変わらない。

私自身、三十代の後半までつらいことが多かった。努力は死ぬほどした。努力に努力を重ねた。誰にも負けないほど努力した。ノイローゼになるほど我慢した。でも幸せは訪れなかった。

ある時に私は自分の周囲の人を見た。驚いたことに私と同じように自信のない人ばかりであった。

悪口を言う人、人の悪口を言っていないと気がすまない人、そんな人ばかりであった。私自身が人の幸福を喜べない人であった。人の成功を嫉ましく思う人間であった。

悪口や愚痴を言っていると運が悪くなる心理的理由

笑う門には福来たる。

人は欲求不満な時ほど相手を悪く解釈する。また相手に不快な感情を味わう。相手そのものが不愉快な存在というわけではない。自分が自分にとって不愉快なのである。それを、相手を通して感じているのである。

自分を嫌いな人は相手を責める。自分を嫌いという感情を、相手を通して感じる。それが外化という心理現象である。自己嫌悪の人はよく人の悪口を言う。これらも外化であろう。

悪口を言うことで自分の心の葛藤を解決しようとしているのである。そこに気がつかないかぎりその人にはなかなか幸運の女神は微笑まないであろう。明るくなれないからである。

人から足を引っ張られたからといってすべての人が同じように苦しむのではない。淡々と自分のすることをしている人もいる。こういう人には運が向いてくる。誰かが見ているものである。

悪口ばかり言っている人からは運も逃げていく。私はよく書くのだが、笑う門には福が来るのであって、福が来るから笑うのではない。自分から運を寄せつけないでおいて、「私は運が悪い」と嘆いている人は多い。

予防接種をする勧めは何かことが起きないように備えることである。これは起きた時に備えることである。このように自分で自分を守るという姿勢は心理的に強くならないと出てこない。

人は依存心が強かったりすると、誰かが自分を守ってくれるのではないか、何かの幸運が自分を守ってくれるのではないかと期待してしまう。人はよほどしっかりしていないとついつい何か特別の幸運を自分の人生に期待してしまう。

彼の劣等感が彼にそのような生活をさせているのである。つまり「もしあの時に土地を買っていたら」「もしあの時にもっと堅実な生活をしていたら」と言うのは、「もしあの時に劣等感がなかったら」と言うのに等しいのである。

過去は過去、「死んだ過去を埋めよ（Let the dead past bury its dead.）」というのはアメリカインディアンの態度だというが、これは難しい。逆に言えば素晴らしい。

「特別な幸運を期待しない」ことが幸運のはじまり

また別の人がいる。甘やかされて育った人である。親が自分の会社を経営していた。そこでその親が自分の将来を見てくれると期待していた。

ところがその親が働きすぎで倒れてしまった。それ以後は彼の生活は基本的に他のサラリーマンと変わらなくなった。

それにもかかわらず彼は自分の将来に向けて甘い夢を捨てられなかった。彼は自分には何か特別な幸運が巡ってくるものと期待していた。自分は他の人のように苦労しなくても特別に安易な生活ができるとなんとなく期待していた。

若い頃の贅沢《ぜいたく》から真面目に働いて堅実な給料をもらってそれを貯めながら家を買って、将来に備えるなどという姿勢は全くない。もらった給料は皆小遣いに使ってしまう。結婚しても同じである。

やはり心のどこかで自分は他人と同じような苦労をしなくても特別に安易な生活ができると思っているのである。派手な性格で贅沢をするからお金は貯まらない。

そしてやはりいつかは自分には特別な幸運が巡ってきて、土地は安く手に入るとなんとなく期待している。

カレン・ホルナイが言うように神経症的要求を持つ人は、自分はいつも人より特別に扱われるような資格があると思っている。自分は特別に考えられるべき人間と思っているので、特別に扱われないとひどい扱いを受けたかのごとく感じて、怒りを覚える。

自分は人と同じで、普通の人と同じように不運なこともあれば幸運なこともあると考える。そう思えれば不運はそれほどつらくはない。しかし自分は特別に幸運に恵まれるはずだと思っている人は不運には耐えられない。いつまでも悔やむ。

そのように特別の幸運が来ないことを悩んでいる人は案外多い。不運そのものより、幸運であるべき自分が不運であったという憤激がその人を苦しめているのである。

そのような人は特別の幸運が来ないことを不運と考えるから「いつも」「いつまでも」悔やむ。普通の人なら悔やまないことも悔やむ。普通の人は特別の幸運が来ないことを不運とは考えない。従ってそのことを悔やみ悩まない。

特別の幸運が来ないことを不運と考える人は、公平なことも不公平と感じる。従っていつも憤激がたえない。人よりも自分の方が幸運でなければ気が済まない人は、普通の人の百倍も悔やみ、百倍も悩む。いつも悔やみ、いつも憤激している。

幸運という言葉を間違って解釈している人がいる。幸運というのは常日頃努力をしている人に巡ってくるものなのである。神経症的な人はたとえ幸運が巡ってきてもそれを活かすことはできない。

私は早稲田大学のラグビー部の監督をされていた日比野弘先生には講演会などでよくお世話になった。先生から伺った話である。

早稲田大学が大学選手権に優勝し日本選手権での対戦の時である。日本一を決める試合の最後の瞬間の出来事である。早稲田は大差で負けていた。

もう時間がない、そろそろ負けを覚悟しなければならない時である。最後のチャンスが早稲田に訪れた。センターの選手がボールを人のいない前に蹴った。

そこに早稲田の選手が駆け込んでいった。その選手の目の前に楕円形のあのボールがバウンドしてきた。そのまま敵陣に飛び込んで勝った。劇的な試合の幕切れであった。

翌日の新聞は早稲田にラッキー・バウンドと書いたという。しかしそれは決してラッキーという言葉で片づけてはならないと先生は言う。

あの楕円形のボールは落ちた瞬間からどこへバウンドしていくか分からない。だとすれば勝敗を決めるものはそこへ走り込んでいく人数と陣形であり、それを承知しての日頃の練習であると先生はおっしゃる。

日頃の訓練がなければどのようにバウンドしてもそのバウンドを活かすことはできないということなのではなかろうか。どのような幸運もそれを活かすには努力が必要である。先生も勝敗を運不運で片づけると努力の大切さを見失ってしまうと言う。

自分にだけ何か特別な幸運が来ることを期待する姿勢ができてくると地道な努力を怠るようになる。自分だけは何かうまくつらいことを避けて通れることを期待する。幸運に頼って生きようとする。

努力せずに成功しても自信は持てない

外から見られる不公平ほど現実の不公平はないものである。株で普通の市民が信じられないほど大儲けをする人がいる。しかしその人がそれだけで自己有効感、幸福感を持てるかというとそうではない。

それよりも地道に英語の発音を勉強して少しでもうまく発音できるようになった人の方が自分の中に価値を感じることができるに違いない。

土地を転がして大儲けをした人よりも、こつこつと英語の発音を勉強しアメリカ人の発音を正確に聞き取れた喜びを味わっている人の方が自尊の感情を持てる。あぶく銭を儲けた人を非難するのはいいが、その非難の仕方を見ていると妬んでいるのではないかと思われるような非難がある。しかしそれは間違っている。妬むほど彼らは幸せではない。努力を伴わない表面的な成功など人に何の自信も与えない。

このような個人的レベルのことが世代的に起きているのが今の若者の「恵まれすぎ」である。彼らは何の努力もしないで恵まれている。しかし残念ながら経済的恩恵を得ているというだけでは若者は自分に誇りを持てない。誇りを持つためには彼らはやはり自分の力で人生に勝負をしなければならないのである。

あまりにも、自分を甘やかしたままにしておくと失敗に直面した時に、簡単に挫折してしまうということはよく言われることである。それは先の著書「Helplessness」に出てくるドゥエックの実験をもとにセリグマンも述べている。*97

自分の人生が失敗ばかりだったと嘆くことはない。自分の人生が失敗ばかりだったと自信を失うこともない。

その失敗によって自分は鍛えられてきたのである。そしてその失敗によってこそ自信を得て、幸福への切符を手にしたのかもしれない。もし自分の人生が今までの現実であったことと違ってもっと成功ばかりであったら自分は今のように幸せではなかったかもしれない。我々は失敗と不幸とを結び付けて考える。しかしこれは間違っているのかもしれない。先のドゥエックの実験をもとにセリグマンはクラスの絶望感、無力感を転換するためにはいくつかの失敗を経験させ、そしてそれと戦う方法を発展させることが必要であると言う。

我々は成功ばかりで幸せになるのではなく、失敗と戦うことで幸せになるのである。我々は次々に成功する人を羨ましく思う。自分の人生はなんであのようにならないのだと羨ましく思う。自分の人生はどうしてこう不運なのだと思う。そうなると時に失敗のない人生を送っているような人を人は妬む。しかしこれは間違っている。

自分は妬み深い性格だと思う人は自分の人生の失敗を再評価することである。自分はこれだけの失敗にもかかわらずここまで生きてきた。それは大変なことである。これで幸せになれないはずはない。もしなれないとすればそれは不必要な競争意識を持ち、他人のことを間違って考えているからである。妬みや、絶望感や、無力感を処理するのに大切なのは人生の成功と失敗を正しく評価することである。

自分は会社の本流から外れてしまった。それなのにあいつは常にエリートコースに乗っている。羨ましい。誰でもそう感じるであろう。しかしそのエリートコースに乗っている彼が定年になって会社を辞めた時にどうなるかは別のことである。

彼は、生え抜きだから会社での出世は早い。俺は途中入社で傍系だから努力しても彼のように出世できないと僻んでいる人は多い。あるいは、俺は彼のように有名大学を卒業していないから先は知れていると僻んでいる人もいる。しかしもしそのように彼はエリートコースを走っていても、彼は簡単に挫折するかもしれないし、もし挫折しないとすればそれは外側から見える彼と現実の彼とは違って、人知れず人生の荒波にもまれているのである。

自分の反応と関係なく起きるよいことは絶望感、無力感を生むとセリグマンは言う。もちろん自分の反応と関係なく起きる外傷も絶望感、無力感を生む。

非偶発的な積極的なことは、絶望やうつ病を生む。*98

このセリグマンの文章は極めて大切な気がする。自分の反応と関係なく起きるよいことは、必ずしも人生にとって幸福を約束するようなことではない。いや時にはそれ故に人は自分に自信を失うというのである。

会社で「あいつは運がよい」と羨ましがられたり、妬まれたりしている人が必ずしも自分に自信を持って生きているわけではない。もしかすると彼はその偶然の幸運によってうつ病になっているかもしれない。

困難に際して戦う姿勢を示す人と、何もしなくなる人といる。何もしない人は、何をするのも面倒くさいのである。そしてついつい人や偶然の幸運に頼る。

「打てればいいな」から「今日はきっと打てるはずだ」へ

先に紹介したメンタルタフネスという本に書かれていた話である。

野球のバッターであれば、「打てればいいな」ではなく「今日はきっと打てるはずだ」というように、決意と熱意を持って当たるのが大切だ。前向きな姿勢を持つと、前向きなエネルギーが湧き自信を持てるようになる。

前向きな姿勢を発達させる戦略として、常に前向きであるというゴールを設定する、前向きな気持ちでない時は意識して前向きに考え行動する、否定的な人と距離を置く。*99

依存心が強ければ人や幸運に頼るから「打てればいいな」になる。そして打てなければ人を恨む。自分の運を嘆く。

逆に自立心が確立していれば、「今日はきっと打てるはずだ」というように、決意と熱意を持って当たれる。それが前向きな姿勢でもある。

この本には、メジャーリーガーにとって一番重要な資質は何かが書かれている。それは抜きんでた打撃、投球、守備能力といった身体能力ではなく、精神的たくましさである。

長年米野球界に携わってきたカール・キュールをはじめとする著者らが、野球選手にとって精神的たくましさがなぜ重要なのか、精神的たくましさとはどんなものなのか、そしてそれはどうすれば身につくのかを、八章にわたってくわしく解説してある。九章では、球場外での人生にも同じことが当てはまり、目標を達成するためには精神的たくましさが不可欠であると語られている。

ウルフというオーストリアの精神医学者は躊躇ノイローゼということを述べている。彼の考えを説明すると、躊躇ノイローゼの人は、自分が何もしないでただいつまでも待っていれば、その困難が消えてなくなるか、あるいは何か幸運の神が現れてその困難を解決してくれることを期待するという。躊躇ノイローゼの人は、子どもの頃に、父母が彼の問題を彼に代わって解決してくれたように、大人になっても誰か何かが自分に代わって自分の問題を解決してくれることを期待している。

どこまでいっても自分の人生に対する考え方や、態度を改めることができない。

人の幸運が羨ましいである。

他人の幸運や財産を羨ましく思う。

ナルシシストは妬みやすい。彼らにとって自分の幸運は当然であり、他人の幸運は不当なのである。なんで自分にはあのような幸運が訪れないのだと妬むことに忙しい。妬んでいる間にも人生の大切な時は過ぎているということに気がつかない。

幸運な人を妬んで「自分も、あんな幸運がくればなー」と嘆いてばかりいて、自分の運命の中で努力しようとしない。「そんなに嘆いていたってしょうがないではないか」というのは自己実現している人の感じ方である。

自分の人生だって不運な時ばかりではない。幸運な時もある。羨ましく見える人だって一生幸運だけというわけではない。不運な時もある。ぐずぐず言っている間に自分のできることをしている方が幸運も来る可能性が強い。しかしナルシシストは人を妬む。

妬む人は受け身なのである。誰よりも自分が幸運でなければ気が済まない。自分より不運な人がいるというのでは気持ちが収まらない。自分より幸運な人がいるということが許せないのである。

「運命がもたらしたように見える出来事が、実はその人自身のしわざだということがよくある」とタタルキェヴィチは言う。

よく「あんな男に会わなければ、私の人生はこんなにならなかった」とか「あんな女に会わなければ、俺の人生はこんなにならなかった」とか言う人がいる。たしかにそうしたこともあるかもしれない。

しかしそうした「質の悪い」人間と深く関わりあってしまったのもこちらの側に、それを許す心の隙があったということである。

宝くじに当たっても不幸になる人、溝に落ちても幸せになる人

私は日本経済の発展を考える時、アメリカで宝くじに当たった人を思い出す。アメリカで宝くじに当たった人は皆不幸になっている。自分の実力によるものではない大金を持ち、心が変わり、今までの人間関係が次々と壊れていく。結婚生活は破綻し、親友は去っていく。何かの幸運があると人は自分の位置が分からなくなる。だから幸運は最終的には不幸をもたらすことが多いのである。

すべてに恵まれて仕事をするという人も中にはいるかもしれない。しかしそんな宝くじに当たるようなことが一生続くわけがない。どこかでつまずく。

またそのように宝くじに当たり続けるような体験をすれば必ず世の中や人を甘くみる。

仕事を甘くみる。そして必ず最後には痛い目に遭う。

宝くじに当たった人は不幸。自分の力を用いた人は幸せ。

濡れ手で粟《あわ》のお金持ちはいろいろな興奮を見逃している。成り金は周囲が羨むほど幸せでもあるまい。汗の結晶でないお金はあまり人生に興奮をもたらさない。だが宝くじではなく、こつこつ貯めたお金持ちは貯める興奮を味わうであろう。

お金ばかりではない。待って、待ってやっと結婚した人はものすごい喜びと興奮を体験する。

一億円の宝くじが当たらなければ、平凡に暮らせたものを、当たったがために不幸になる。

不幸な人は宝くじに当たっても不幸である。

幸せな人は溝に落ちても幸せである。

ジャンボ宝くじに十年間続けて当たっても不幸な人は不幸である。

単なる幸運でさえも時にはそれ以上の不運がそのウラに隠されている。

幸運に飛びつく人は間違いなく地獄に行くだろう。

小さな積み重ねで幸せになる

地道な努力をする習慣を身につける。

時間をかけて万里の長城を築くみたいに、生きること。

「することが見つからない」と悩む人は小さなことを一つ一つ地味にしていく努力をしない。楽をして偉大になろうとしている。


運が悪いと嘆いている人は自分の生き方という基本を反省していない。お風呂に入らないで体に垢が溜まっているとする。肌はかさかさである。下着も汚れている。運の悪い人というのは、そうした時に、そうした生活を直そうとしない。そこですべてを隠すために百万円のコートを着ようとする人である。つまり今の安易な生き方も変えたくない。

高価なコートを着ても体が臭うから人は寄りつかない。一発勝負で何かを企てる。大儲けの仕事をしようとする。宝くじから、競馬まで大穴を当てようとする。

ところが幸運な人と思われているのはそういう時に高価なコートを買わないで、まずお風呂に入る人である。

まず自分の垢を落とす。肌の手入れをする。生活習慣を直す。つまり自分の生きる姿勢という基礎から直そうとする。自分の日常の生活から直していこうとする。そうした地に足をつけた生き方が幸運を呼ぶのである。

人とのつきあいも同じことである。不運を嘆いている人は、たいていいきなり偉い人とつきあおうとする。

真面目に今つきあえる人とつきあう。その場その場で自分を磨いて次に行く。

何事も一つ一つ積み上げていく。

なぜ宝くじを当てた人が幸せになれないのか。それは宝くじが当たったことでお金持ちになり、つきあう人を変えるから、不幸になるのである。自分を磨いてつきあう人を変えているのではない。

先に紹介したカーソンが書いた幸運を呼び寄せるための十三の知恵とでも言うべき本[*100]の第二の知恵が「見つけ出す」である。「なぜうまくいかないのか？」の理由を見つけ出すことで今度は運が回ってくるというのである。

悩んでいる人は、計画を立てる時に、即効性のある計画を立てようとする。

三十年後に幸せになっている人は「昨日よりは今日、今日よりは明日」という生き方を三十年する人である。

夢がかなうのは、
三十年間毎日十円貯める人である。

三十年間毎日花に水をあげ続ける人である。

三十年間毎日草を抜く人である。

昨日十歩で、今日はゼロという人よりも、毎日一歩という人が幸せになる力を持つ。

悩んでいる人は実際に何もしないでただ悩むだけで何日を過ごしたか。実際に何かをしたのは何日か。

悩んでいる人と幸せな人が違っているのは能力ではない。悩むだけで何もしないで終わった日の日数である。

おわりに

この本で、事実は変えられなくても、事実の認識を変えるだけで、自分を取り巻く状況は好転するということを書いてきた。悩んでいる人の中には、自分で自分の首を絞めているという人が多いということを理解してもらえればよい。

今、悩んでいる人は、元気な人がエネルギーを使わないところですごいエネルギーを消耗している。ストレスに弱い人、うつ病になるような人は、普通の人がエネルギーを使わないところでものすごいエネルギーを使っている。

うつ病者は打ち続くストレス、克服不可能なストレスに苦しんでいる。でもストレスに苦しんでいる現実的原因は何もない。

今悩んでいる人は、人を意識しすぎる。

なぜ、つらい考えに固執するのか？

「意味のない」つらい考えに固執するのは、隠された憎しみ以外には考えられない。

賞賛を求めて、自己卑下している。

賞賛を得ても、ストレスを解決するためには何の意味も成さない。

何の役にも立たないことで、一人で頑張って、頑張って、勝手に消耗している。

この本はそういう無駄な生き方ではない、生き方を考えた。

この本も長年にわたってお世話になっている野島純子様にお世話になった。文庫などを入れると、二十冊になる。

加藤諦三

注

*1 Martin E. P. Seligman, Helplessness, W. H. Freeman And Company, New York, 1975, p.48

*2 Ibid., p.127

*3 Kenneth Pelletier, Ph.D., Between Mind and Body: Stress, Emotions, And Health., Mind/Body Medicine,/edited by Daniel Goleman, Ph.D., and Joel Gurin. Consumer Union, 1993.

*4 John-Roger and Peter McWilliams, Life 101, Prelude Press. Inc., 加藤諦三訳　なぜ自分を愛せないのか、ダイヤモンド社、一九九三年、一〇〇頁

*5 Kurt Lewin, Resolving Social Conflicts, 末永俊郎訳、社会的葛藤の解決、東京創元社、一九五四年、一四一頁

*6 Herbert Benson, Eileen M. Stuart, The Wellness Book, Birch Lane Press Book, Published by Carol Publishing Group,1992, p.219

*7 土居健郎、「甘え」の構造、弘文堂、一九七一年、五七頁―五八頁

*8 Ellen J. Langer, Mindfulness, Da Capo Press, 1989　加藤諦三訳、心の「とらわれ」にサヨナラする心理学、ＰＨＰ研究所、二〇〇九年、九〇頁

*9 Herbert J. Freudenberger, Ph.D., Burn out, p.10　川勝久訳、バーン・アウト シンドローム燃えつき症候群、三笠書房、一九八一年、二六頁

*10 Bill Moyers, Healing and the Mind, Public Affairs Television. Inc., 1993　小野善邦訳、こころと治癒力、草思社、一九九四年、九三頁

*11 Alfred Adler, Social Interest: A challenge to mankind, Translated by John Linton, M.A., and Richard Vaughan, Faber and Faber LTD, London, P.44

*12 Ibid., p.110

*13 Erich Fromm, The Heart Of Man, Harper & Row, Publishers, New York, 1964　鈴木重吉訳、悪について、紀伊國屋書店、一九六五年。

*14 前掲書、一五〇頁

*15 Edward Hoffman, The Drive for self, Addison-Wesley publishing Company, 1994

*16 Erich Fromm, the Sane Society, Rinehart & Company, Inc., New York/Tronto　加藤正明、佐瀬隆夫訳、正気の社会、社会思想社、一九五八年、四七頁

*17 Edward Hoffman, 1994, Edward Hoffman, The Drive for Self, Addison-Wesley Publishing Company, 1994

*18 support for a child's progress

*19 self-confidence

*20 Edward Hoffman, 1994, Edward Hoffman, The Drive for Self, Addison-Wesley Publishing Company, 1994, P.149

*21 need to lift himself above others.

*22 Lawrence. A. Pervin, Personality, John Wiley & Sons Inc., 1970

*23 Martin E. P. Seligman, Helplessness, W. H. Freeman And Company, New York, 1975, p.48

*24 Ibid., p.127

＊25　Bill Moyers, Healing and the Mind, Public Affairs Television. Inc., 1993　小野善邦訳、こころと治癒力、草思社、一九九四年、二八四頁

＊26　Daniel Goleman, Emotional Intelligence, Bantam Books, 1995, p.204

＊27　locus ceruleus, a structure that regulate the brain's secretion of two substances called catecholamines; adrenaline and noradrenaline. Ibid., p.205

＊28　Your life is in danger and there is nothing you can change to escape it-that is the moment the brain change begins.　Ibid., p204.

＊29　Ibid., p.205

＊30　Other changes occur in the circuit linking the limbic system with the pituitary gland, which regulate release of CRF, the stress hormone the body secretes to mobilize the emergency fight or flight response.
Lawrence. A. Pervin, Personality, John Wiley & Inc., 1970, p205

＊31　PTSD represents a perilous lowering of the neural setpoint for alarm, leaving the person to react to life's ordinary moments as though they were emergencies. Daniel Goleman, Emotional Intelligence, Bantam Books, 1995, p203

＊32　He gives the impression to himself and others that loves people. And he can be generous.
Karen Horney, Neurosis and Human Growth, W.W.Norton & Company, 1950, P.194

＊33　朝日新聞朝刊、二〇〇四年一月一日

＊34　Gordon Allport, The Nature of Prejudice, A Doubleday Anchor Book, 1958　原谷達夫・野村昭　共訳、偏見の心理下巻、培風館、一九六一年、一五四頁

＊35　前掲書、一五四頁

＊36　前掲書、一五五頁

＊37　Rush W. Dozier, JR., Why We Hate. A Division of The McGraw-Hill Companies, 2002, p.21

＊38　Ibid., p.20

＊39　Ibid., p.20

＊40　Ibid., p.21

＊41　読売新聞、二〇〇五年七月一七日

＊42　Karen Horney, The Neurotic Personality of Our Time, W.W.Norton & Company, 1964, p.47-48

＊43　Rollo May, The Meaning of Anxiety, W・W・Norton & Company・Inc. 1977　小野泰博訳、不安の人間学、誠信書房、一九六三年、二一四頁

＊44　前掲書、二一四頁

＊45　Karen Horney, Neurosis and Human Growth, W.W.Norton & Company, 1950, p.21

＊46　Rollo May, The Meaning of Anxiety, 小野泰博訳、不安の人間学、誠信書房、一九六三年、二四一頁

＊47 前掲書、二四三頁

＊48 前掲書、二四一頁

＊49 Daniel Goleman, Emotional Intelligence, Bantam Books, 1995, p143　土屋京子訳、ＥＱ、講談社、一九九六年、二二一頁

＊50 Ibid., p.205

＊51 Ibid., p205

＊52 As the repository for emotional memory, the amygdala scans experience, compare what is happening now with what happened in the past. Its method of comparison is associative; when one key element of a present situation is similar to the past, it can call it a "match". We react the present in ways that were imprinted long ago. Ibid., p21

＊53 Many potent emotional memories date from the first few years of life, in the relationship between an infant and its caretakers. the amygdala, which matures very quickly in the infant's brain, is much closer to fully formed at birth. Ibid., p22

＊54 they are stored in the amygdala as rough, wordless blueprint for emotional life. these earliest emotional memories are established at a time before infants have words for their experience. Ibid., p22

＊55 Ibid., p.24　土屋京子訳、ＥＱ、講談社、一九九六年、五〇頁

＊56 前掲書、五〇頁

＊57 when we register a loss and become sad, or feel happy after a triumph, or mull over something someone has said or done and then get hurt or angry the neocortex is at work. Daniel Goleman, Emotional Intelligence, Bantam Books, 1995, p25

＊58 高木貞敬、脳を育てる、岩波書店、一九九六年、五〇頁

＊59 Daniel Goleman, Emotional Intelligence, Bantam Books, 1995., p.204

＊60 Martin Seligman, Helplessness, W.H. Freeman and Company, 1975　平井久、木村駿一監訳、うつ病の行動学、誠信書房、一九八五年、二一一頁

＊61 His being at bottom unrelated to others is bound to show in close relationship.
Karen Horney, Neurosis and Human Growth, W.W.Norton & Company, 1950, p.195

＊62 John Shaubroeck, Daniel C. Ganster, Associations among Stress-related Individual Differences, Personality and Stress:Individual differences in the stress process/Edited by, Cary L. Cooper, Roy Payne, John Wiley & Sons,1991, p37

＊63 Ｗ・Ｂ・ウルフ、周郷博訳、どうしたら幸福になれるか、下巻、岩波書店、一九六一年、一三七頁

＊64 Frieda Fromm,-Reichmann, Psychoanalysis and Psychotherapy, 1959. 人間関係の病理学、早坂泰次郎訳、誠信書房、一九六三年、三〇九頁

＊65 Hertha Orgler, Alfred Adler, Sigwick and Jackson, 1963. p.107

＊66 Ibid., p.111

＊67 Ibid., p.113

＊68　Ibid., p.157

＊69　Alex J. Zautra, Emotions, Stress, and Health, Oxford University Press, Inc., 2003, p.129

＊70　Beran Wolfe, How to Be Happy Though Human, Farrar & Rinehart Incorporated, 1931　周郷博訳、どうしたら幸福になれるか、上巻、岩波書店、一九六〇年、五八頁

＊71　David Seabury, How to Worry Successfully, Blue Ribbon Books: New York, 1936　加藤諦三訳、問題は解決できる、一九八四年、三笠書房、九三頁

＊72　前掲書、三六頁

＊73　Christopher Perterson, Ph.D.,and Lisa M. Bossio, Healthy Attitudes: Optimism, Hope,and Control, Mind /Body Medicine,/edited by Daniel Goleman, Ph.D., and Joel Gurin. Consumer Union, 1993

＊74　Karl Kuehl, Mental Toughness: A Champion's State of Mind, Ivan R. Dee, 2005

＊75　Ibid., p.137

＊76　Ibid., p.141

＊77　Ibid., p.139

＊78　Norman E. Rosenthal, The Emotional Revolution, Citadel Press, 2002

＊79　Ellen J. Langer, Mindfulness, Addison-Wesley Publishing Company, Inc. 1989　心の「とらわれ」にサヨナラする心理学、ＰＨＰ研究所、二〇〇九年、六三頁

＊80　Henry Dreher, The Immune Power Personality: 7 Traits You Can Develop to Stay Healthy, Dutton, 1995, p.50

＊81　Ibid., p.50

＊82　Ibid., p.51

＊83　Ibid., p.52

＊84　Ibid., p.52

＊85　Ibid., p.53

＊86　Ibid., p.71

＊87　Ibid., p.72

＊88　Ibid., p.72

＊89　Ibid., p.72

＊90　Ibid., p.73

＊91　Ibid., p.73

＊92　Leo Buscaglia, Personhood, Leo Buscaglia, Inc., 1978　加藤諦三訳、自己を開花させる力、ダイヤモンド社、一九八四年、一〇三頁

*93 Władysław Tatarkiewicz, Analysis of Happiness　加藤諦三訳、こう考えると生きることが嬉しくなる、三笠書房、一九九一年、三七頁

*94 David Seabury, How to Worry Successfully, Blue Ribbon Books: New York, 1936　加藤諦三訳、心の悩みがとれる、三笠書房、一九八三年、二二五頁

*95 Heribert N. Casson, Thirteen Tips on Luck, B.C. Forbes Publishing Co., N.Y., 1929

*96 Władysław Tatarkiewicz, Analysis of Happiness　加藤諦三訳、こう考えると生きることが嬉しくなる、三笠書房、一九九一年、二二七頁

*97 Too much success, too coddled a existence, makes a child helpless when he is finaly confronted with his first failure.
Martin Seligman, Helplessness, W.H. Freeman and Company, 1975, p.158

*98 I am claiming, then, that not only trauma occurring independently of response, but, noncontingent positive events, can produce helplessness and depression. Ibid., p.98

*99 Karl Kuehl, Mental Toughness: A Champion's State of Mind, Ivan R.Dee, 2005, p.20

*100 Herbert N. Casson, Thirteen Tips on Luck, B.C. Forbes Publishing Co., N.Y., 1929

著者紹介

加藤諦三　心理学者。1938年生まれ。東京大学教養学部卒業。同大学院修士課程修了。現在、早稲田大学名誉教授、元ハーバード大学ライシャワー研究所客員研究員。日本精神衛生学会顧問（元理事）。ニッポン放送系ラジオ番組「テレフォン人生相談」のレギュラーパーソナリティーを半世紀以上つとめている。ベストセラー『自分に気づく心理学』『心の休ませ方』（以上、PHP研究所）ほか、『他人に気をつかいすぎて疲れる人の心理学』『怒ることで優位に立ちたがる人』『「めんどくさい人」の心理』（以上、小社刊）など、心理的側面からよりよい生き方のヒントを与える著書多数。約100冊の著作が海外に翻訳されている。

加藤諦三ホームページ
https://www.katotaizo.com/

我慢《がまん》して生《い》きるのは、もうやめよう

2023年10月30日　第1刷

著　　者　加藤諦三《かとうたいぞう》
発行者　小澤源太郎

責任編集　株式会社　プライム涌光
電話　編集部　03(3203)2850

発行所　株式会社　青春出版社
東京都新宿区若松町12番1号　〒162-0056
振替番号　00190-7-98602
電話　営業部　03(3207)1916

印　刷　共同印刷　　製　本　大口製本

万一、落丁、乱丁がありました節は、お取りかえします。

ISBN978-4-413-23325-5　C0030